祁军 著

DA XUE KE JI YUAN FA ZHAN MO SHI YAN JIU

大学科技园
发展模式研究

以中山大学国家大学科技园为例

Research on University Science Park Development Model:
A Case Study of Sun Yat-sen University National Science Park

U0330423

中山大學出版社
SUN YAT-SEN UNIVERSITY PRESS
·广州·

图书在版编目（CIP）数据

大学科技园发展模式研究：以中山大学国家大学科技园为例/祁军著. —广州：中山大学出版社，2019.7

ISBN 978 - 7 - 306 - 06655 - 8

Ⅰ.①大…　Ⅱ.①祁…　Ⅲ.①高等学校—高技术园区—发展模式—研究—中国　Ⅳ.①F279.244.2

中国版本图书馆 CIP 数据核字（2019）第 135995 号

出　版　人：王天琪
策划编辑：熊锡源
责任编辑：熊锡源
封面设计：曾　婷
责任校对：潘惠虹
责任技编：何雅涛
出版发行：中山大学出版社
电　　话：编辑部 020 - 84110771，84110283，84111997，84110779
　　　　　发行部 020 - 84111998，84111981，84111160
地　　址：广州市新港西路 135 号
邮　　编：510275　传　真：020 - 84036565
网　　址：http://www.zsup.com.cn　E-mail：zdcbs@mail.sysu.edu.cn
印　刷　者：虎彩印艺股份有限公司
规　　格：787mm×1092mm　1/32　8.25 印张　200 千字
版次印次：2019 年 7 月第 1 版　2019 年 7 月第 1 次印刷
定　　价：32.00 元

内容提要

本书从国内外科技园发展比较出发，探讨了大学科技园的发展模式。大学科技园的发展模式包括创建和管理机制设计等问题。既有对科技园管理工作的总结和理论上的提炼，也有借鉴产业经济理论和知识经济理论对科技园今后发展的建议。

创建大学科技园，笔者认为既要考虑空间经济学中产业集聚的概念，又要考虑大学的财务负担问题，还要为建成后的投资和运营机制铺平道路。创建科技园的模式一般有大学独立的创建模式、大学和政府合作的创建模式、多个大学联合创建的模式。中山大学国家科技园的创建特点为：①在创建模式上，中山大学科技园充分依据科研、人才、政策等方面的资源及科技园选址情况，多种创建模式并举。②在实施合作创建模式时，依据资源配置状况，合作创建主体选择多元化。③在园区发展模式上，依据区域产业环境、学科优势及市场需求，初步形成了由多个主题园区构成"一园多区"的园区发展模式。科技园创建模式应该采取择优而从的资源整合模式，调动重要的要素资源是顺利建设和发展的关键。

完善科技园运营管理机制，涉及企业、大学、政府三者关系的螺旋结构。本书分别从企业和科技园、大学和科技园、政府和科技园三个角度探讨。

企业和科技园的关系首先涉及科技园的定位。本书对中山大学科技园主孵化园区企业高层管理人员以问卷调查表的方法分析企业对科技园的评价，从而引出科技园的功能定位问题。通过调查数据的因子分析结果表明：在评价科技园的诸多要素中，第一主成分为各企业的总体评价共性因素，第二主成分、第三主成分分别为人才因子和品牌因子，体现了不同企业评价的特殊性。依托大学人力资源或借助大学高科技概念的品牌是不同行业企业选择大学科技园的重要差别要素。此外，调查还发现在研发上不同行业之间并没有体现出很大差别，倒是行业内部不同企业对研发的期望与评价有很大差别。在开发新的产品和采购成本下降方面，生物医药行业内不同企业的评价差异很大。

大学和科技园的的关系涉及大学内科技园如何运作的问题。本书从知识经济理论出发，探讨了科技服务平台的建设和大学科技成果转化的公司管理机制的设计。

一方面，就内部组织建设，应用了有关知识产生、传输、更新、提升的"吧"的理论构建科技服务平台，就如何建设创意吧、概念吧、系统吧、实践吧提出相应的建议。建议在场所条件限制的区域应建设虚拟科技园，如在中山大学科技园越秀园区，提出建设虚拟科技服务平台的建议。

另一方面，就大学科技成果转化的重要载体——学科性公司的建设上，将学科性公司公司管理机制设计分为模版设计、机制设计和动态管理三个层次。笔者以中山大学学科性公司管理机制为例解释其含义。学科性公司的模板设计包括学科性公司的含义以及学校、学院、学者和企业之间的关系。学科性公司的机制设计包括学校科技成果转化中个人、学院、学校的分配机制。学科性公司制度的动态管理主要指其长期投资风险的控制（含品牌的管理）和评价体系。

政府和科技园的关系是科技园外部环境的最重要因素。本文比较了国内不同地区对科技园和科技企业的政策，发现高新区的政策有很多优惠，而不同地区政策差别不大。本文提出政府重在营造经营环境，并借鉴日本、韩国科技园建设的经验和教训，提出有限政府的概念，政府应扶持小企业，减少重复建设和战略雷同，大学科技园的建设应靠近大学和政府关注扶持的区域。此外，科技园应帮助企业减少和政府打交道的交易成本。

产学研合作重在实践。中大创新谷开创了新的模式，MIT的媒体实验室在体制上也有不少创新。大学科技园的发展带动了全社会多样化的产学研合作模式，大众创新、万众创业激发了多形式科技创新的勃勃生机。

前　　言

第一次接触科技园的事情，是在 2001 年 6 月我刚刚担任中山大学后勤集团总经理后不久。黄达人校长面授机宜，委托我代表学校和海珠区政府商谈合作共建科技园大楼。鉴于以往和中山大学合作的种种困难之处，海珠区政府的不少官员并不看好这样的合作项目。时任海珠区政府常务副区长的陈建华先生高瞻远瞩，本着谋划地方经济长期发展，筑巢引凤，不求所有、但求所在以及更加有效使用科技三项经费的原则，我们一起确定了中山大学与海珠区政府合建科技园的方案，中山大学与海珠区政府据此签订了合作意向书。该项目建设比较特殊，大楼建设位置正处于规划中的地铁出口处，位置重合，首先要协调好地铁出口挤占大楼一楼商业空间使用问题，牵涉到规划、地铁、建筑设计等多个部门。庆幸的是，该项目得到了时任广州市委常委、从化市委书记的陈建华先生（后来任广州市市长）的指点和疏通，也得到了时任广州市规划局局长王蒙徽先生（后来任国家住建部部长）的支持。其次，大楼建设预算共 4500 万元人民币，包含地基建设、主体建筑、装修及科技园初期运作费用。预算偏紧，位置特殊，西面有教工住宅区通行大路，路下是教工住宅区联结校外的各种管道（电、水、煤气等），建筑基坑没有多少回旋余地，四面要采取不同的基坑支扶方案，既要保证施工安全又要节省成本。建筑设计方案的小小优化往往既能节省几十万元，又能节省工期，如三孔小桩一组改为大桩，这些都需要和远在武汉的建筑设计单位（也是地铁设计单位）多次沟通。该大楼施工过程中，施工监理黎工程师一丝不苟，充分发挥了理工男的工匠精神，不惜多次开罪施工单位，保证了大楼的建筑质量。在后来的学校建筑物地下室漏水检测中，该大楼是少有的几栋不漏水的建筑之一。

和科技园再续前缘，是在 2007 年，本人轮岗接任中大控股有限公司总经理之后；当时，本人同时兼任了中山大学科技园有限公司的总经理。珠海市对中山大学珠海校区的建设给予了很大的支持，中山大学也希望对珠海科技经济发展有所贡献。短期见效的方法就是在伍舜德国际学术交流中心建设大学生创业园。伍舜德国际学术交流中心的运作模式比较复杂，初期引进了民营资本运作，由于民营合作资本不足，使用权又变相转给了带资建设的承建单位，带资承建单位是建筑企业，没有能力靠自己进行运营管理，又转给多家单位经营。使用与经营关系错综复杂，种种纠纷，几年悬而未决。伍舜德国际学术交流中心的商场还和旅行社合作，经常带外地游客来商店观光购物，其中不乏高价伪劣产品，严重影响了中山大学的形象。大学一直想收回自营，奈何合同关系复杂，一时难以理清。经过前期多次调查准备，按照时任副校长喻世友教授确定的原则，本人和陆樱女士（时任财务处副处长）等人一起，理清各种合同关系，选择两家关键的关联企业谈判，既要解决两家单位之间的经济矛盾，又要解决他们和中山大学的矛盾。从早上上班时间开始，三方不间断谈判与沟通，唇枪舌剑，不乏遭遇威逼利诱，经过几个回合争论争议，终于在夜里 12 点钟左右达成一致意见。最后中山大学以 3000 多万元收回了伍舜德国际学术交流中心的使用权，远远低于预期的支出预算。此后在伍舜德国际学术交流中心设立了大学生创业孵化中心，由此启动了和珠海高新区新的合作。

作为经济特区，深圳一直在科技成果转化方面引领全国。地处广州的中山大学与深圳市科技合作的进展，却与其本身地位极不相称。开展深圳产学研合作，需要有个长期的稳定的地点，于是根据学校的意见，中山大学和民营企业合作共同建设深圳中大产学研孵化基地。深圳市建设大学科技园较早，此前深圳市基本以租赁补贴方式给予大学优惠，支持国内著名高校建设深圳科技园。以土地使用权招拍挂模式建设大学科技园，中山大学在深圳首开先例，这中间牵涉科技、土地等多项政策。黄达人校长带队与深圳市主要领导沟通。作为深圳中大产学研孵化基地有限公司的董事长，本人拜访了深圳市政府多位市领导，介绍中山大学的科技创新成果和科技转化潜力，此举也得到了多位市领导的支持。印象较为深刻的事情是时任深圳市副市长的许勤先生见面就对大学的科研体制提出了尖锐的批评，也对中山大学的科技成果转化提了不少意见和建议，最终也对中大的基地建设给予了大力支持。在向多位市领导介绍和解释中山大学科技动态的过程中，时任中山大学党委副书记的李萍教授在暑假中奔波深圳，关键时刻推动了项目的进程。深圳中大产学研基地公司的合作方陈忠辅先生不计个人得失，勤勉专业的敬业精神也给人留下了深刻印象。无疑，深圳中大产学研孵化基地有限公司是中山大学科技园建设的成功典范之一。

大学科技的建设与运行，牵涉政府、大学、企业，面广事杂，不少领导与同事都做了积极有效的工作，在此难以一一列举。

作为管理学的教师，有机会在实践中应用管理理论，是一件非常幸运的事情。作为科技园的参与者与建设者，前后十几年的实践，有机会将这些经验教训总结提炼出来也同样是一件幸福的事情，这也是写作本书的缘由。时过境迁，政策、环境、科技都改变了，不变的是初心。记录曾经发生的事情，留下丰富的素材供后来者思考，若能对后来者工作小有帮助，也是满足了作者今之学者为人、学以致用的初心。

目　　录

表 目 录

图 目 录

第一章 引 言

21世纪是知识经济的时代，产品和服务的创新是提高国家竞争力的关键，而创新依赖于新技术从大学和研究机构向产业的有效转移。很多发达国家都在热衷于创新与知识经济，大学科技园就是推进技术转移和经济增长的重要方式。

《国家中长期科技技术发展规划纲要（2006—2020）》将我国的科技发展战略定为：到2020年将我国建设成为一个创新型国家。胡锦涛同志在党的十七大报告中进一步提出，要提高自主创新能力，建设创新型国家。2008年国家颁布的《珠江三角洲地区发展规划纲要》提出：要完善自主创新的体制机制和政策环境，构建以企业为主体、以市场为导向、产学研结合的开放型区域创新体系，率先建成全国创新型区域，成为亚太地区重要的创新中心和成果转化基地，全面提升国际竞争力。

2016年，习近平总书记在全国科技创新大会上指出①：科技创新、制度创新要协调发挥作用，两个轮子一起转。2018年在两院院士大会上，习近平总书记强调：中国要强盛、要复兴，就一定要大力发展科学技术，努力成为世界主要科学中心

---

① http://news.sina.com.cn/c/nd/2016-06-03/doc-ifxsvenx3202087.shtml.

和创新高地①。

大学作为国家知识的载体和国家创新体系的重要组成部分，是科技、知识创新的主力军，在经济发展和转型中发挥重要作用。而大学科技园是大学面向社会的一个重要媒介，是连接大学科研和社会企业需要的重要桥梁。根据 2006 年教育部、科技部制定的《国家大学科技园"十一五"发展规划纲要》，大学科技园是区域经济发展和行业技术进步以及高新区二次创业的主要创新源泉之一，是中国特色高等教育体系的组成部分，是高等学校产学研结合、为社会服务、培养创新创业人才的重要平台，是大学实现科技成果转化与知识产业化的主要渠道，在建设创新型国家的进程中，承担着重要的社会责任。如何建设和完善大学科技园的体制和管理就成了大学如何服务社会和如何提高社会创新能力的重要研究课题。

关于大学科技园的研究是一个多学科、多角度的课题，要探讨的问题很多。既可从宏观角度比较分析，也有从微观角度解剖麻雀。本书侧重于从微观机制角度分析，首先比较了国内外科技园的发展，再以典型案例分析的方法，通过中山大学国家科技园的建设过程探讨科技园组建模式、对中山大学科技园的管理与发展研究，分析企业对科技园的评价，从而确定科技园的功能定位，研究科技园和企业、大学、政府之间的不同关系，为科技园的管理和发展提出科学的建议。本书既有对现有经营状况的总结和理论提炼，又有应用经济和管理理论对实践的指导。从产业集聚理论分析创建的理论含义，从构成三螺旋的企业、大学、政府与科技园的关系展开对科技园的分析，在

①《习近平在两院院士大会上的讲话全文》，搜狐网，2018 年 5 月 29 日，http://www.sohu.com/a/233334519_387134.

这些关系分析中应用知识经济理论作为指导，并提炼出新的理论模式，为在中国国情下，大学科技园的发展提供指导和参考。

大学科技园以大学科研资源为依托，是以科技成果转化、高新技术企业孵化、创新创业人才培养为主要任务的创新平台与服务体系。大学科技园已成为中国特色高等教育体系的组成部分，是科研来源于社会、服务于社会的重要窗口。由于大学科技园背靠大学丰厚的智力资源和人力资源，同时与外界企业有着广泛的联系，特别是强调对创新企业的孵化，与技术创新主体（企业）联系紧密。研究大学科技园的存在问题和发展规律，对于进一步发挥大学科技园的优势，推动全社会的创新与创业，推进大学科研面向社会，提高我国自主创新能力有着重要的意义。

本书从创建、管理以及科技服务平台建设全过程分析科技园的发展和管理模式，从一个科技园较完整的案例出发，探讨科技园的创建模式与功能定位，研究科技园科技服务平台的建设和机制设计。文中既有微观解剖，也宏观的政策建议，以微观运作机制分析为主。在方法上理论和实践结合，主要基于案例的分析和解剖，既有理论提炼，又有理论的应用。

本书在案例分析中，侧重于典型的案例分析，又不失系统的全局分析；在体制、机制方面以定性分析为主，在模式分析、政策制度的制定方面以定量分析为辅证；在阐述一般理论和概念后，以实例来分析和验证。为了收集企业的状况和对科技园的评价态度，笔者制作了 100 份调查表，并收回了 77%，效果良好。

在分析方法上，既应用了因子分析法提取企业评价的综合因素，并用软件 SPSS17 进行了运算，又应用知识经济的

"吧"理论考察科技园内部组织的建设，对产学研组织的建设模式、管理机制作了尝试的探讨，从企业、大学、政府三个角度与科技园的关系分析知识经济的三螺旋问题。

国内外对科技园的建设或从宏观角度分析或从案例分析角度，缺乏综合理论与案例的视角。本书首先结合理论以案例说明不同环境下科技园的建设模式的多样性的合理性和可能性。

国内对科技园的实证研究或者数据不充分，或者结论不明显。本书根据园区企业的调查研究，以实证的方法验证了分行业的企业发展所需要科技园的要素特征，为科技园功能定位提供了理论依据。

现有文献对企业知识组织"吧（Ba）"研究较多，也有虚拟科技园的概念和实践，但缺少在科技园组织中"吧"的应用的研究，也没有将"吧"和虚拟科技园结合的概念。本书应用"吧"理论设计了科技服务平台，并通过"吧"实现虚拟科技服务平台。

学科性公司是具有中国特色的产学研合作的企业组织。其概念和应用都不明确，文献也缺少这方面的研究。本书将学科性公司视为科技园联系大学和企业的重要科技转化平台，将其管理机制分为模版设计、机制设计及动态管理三个层次，并以中大学科性公司管理为例给出了相应的解释，弥补了三螺旋理论中对大学企业关系研究内容的不足。

在管理机制的分析上，应用三螺旋理论从三个角度分析，既全面又有系统性。对科技园的发展和管理分析框架是一个新的尝试。

关于科技园的研究路线，一是在体制上，国内的很多文章就集中在大学科技园的体制和机制方面；二是在宏观效果上，讨论大学科技在经济中的作用；三是微观的案例，只有在宏观效果上比较多地使用定量的方法。

本书在理论综述和对国内外科技园历史研究的基础上，先分析科技园的建设和发展问题，再讨论科技园的管理问题。

在建设和发展问题上，以中山大学国家大学科技园（以下简称"中山大学科技园"）为例，提出对不同科技园区，有不同的创建模式，应采取不同的建设方案。2009 年，中山大学科技园建设基本成型，本书探讨了中山大学科技园的发展状况和 2009 年发展规划，以期对一个科技园有较完整的了解。

在讨论科技园的管理机制方面，以三螺旋理论中的三大要素——企业、大学、政府和科技园的关系出发展开管理机制的分析。

企业和科技园的关系涉及科技园应如何进行功能定位的问题。通过对科技园园区企业 100 份问卷的调查，对调查结果应用因子分析和比较分析，揭示了对于不同行业、企业对科技服务平台的需求不同，接着探讨了不同行业专业服务平台的差别。

大学和科技园的关系涉及产学研知识组织的建设和机制的创新。文中应用"吧"理论，建构基于知识的科技园管理体系。接着对产学研合作的重要平台——学科性公司研究，以中大学科公司管理机制为例，提出了管理机制由模版设计、机制设计及动态管理三个层次构成的概念。

政府和科技园的关系是科技园重要的外部环境。通过对不同地区的政策比较，讨论了政府的用及政策效应，并对科技园提出相应的建议。

中大创新谷、MIT 媒体实验室的成功经验，丰富了产学研合作中创新机制、创新体制的实践应用形式。最后，介绍了中山大学科技园新的发展状况。

全文共分十章，各章节关系如下：

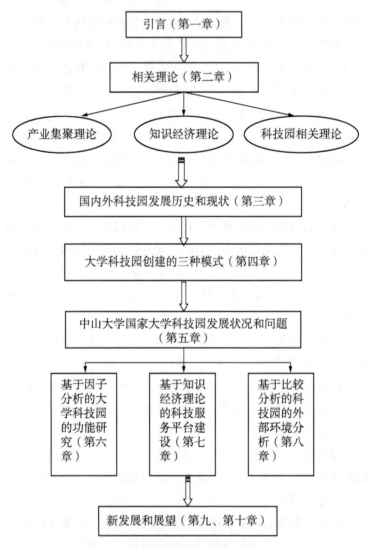

图1-1 研究结构图

第二章　大学科技园的相关理论

2.1　大学科技园的概念

科技创新是我国经济发展的基本手段和国策。改革开放以来，我国加大对科技的重视，相应的政策和方法很多，政府扶持科技的手段也相当丰富。各种科技创新和创新载体日益丰富，就以广东省为例，广东省创新的载体①有：高新区、专业镇技术创新试点、工程技术开发研究中心、重点实验室、民营科技园、大学科技园、软件科技园、可持续发展实验区、技术创新基金。科技园或大学科技园是科技创新的重要载体，在经济发展中发挥了重要作用。就一般概念上来说，狭义的科技园是冠以科技园名称的、为政府社会所认可的科技园。而广义的科技园就应该包括一切享有特殊政策、以技术领先为特征的区域平台。随着科技园产生和发展，人们对它们的认识也是逐步变化的。不同国家对科技园的看法大同小异。

从文献上看，国外没有专门的大学科技园的定义，而是将大学的科技园归于科技园一起论述。关于科技的称谓也没有一致的说法，如美国对大学科技园的称谓是研究园（Research Park）、大学研究园（University Research Park），英国的称谓是

---

① 资料来源：http://www.gdstc.gov.cn/main/cxzt_dxkjy.html.

科学园（Science Park）、研究园（Research Park）、技术极（Technopole）或技术园（Technopark），德国的称谓是 Technologie Fabric，法国是 Technopole，加拿大、日本是 Technopark。尽管世界各国对大学科技园的称谓各不相同，但对其功能和性质的认识基本一致，即强调要建立一个园区，依托大学和科研机构并促进其高科技成果的转化和应用。所以，从国际上讲，把它统称为科技园较为合理。国际上不同国家对科技园的定义大同小异，较有代表性的定义有：

国际科技园协会（International Association of Science Parks and Areas of Innovation，IASP）在考察 63 个国家科技园的基础上，根据不同国家科技园的共性，给出了科技园的定义。根据国际科技园协会的定义，科技园是一批专业人员管理的组织，他们通过提升创新的文化和强化商业组织和知识性机构的竞争力以增加社会财富。为达到这样的目标，科技园鼓励知识在大学、研发机构、公司和市场的传播，通过孵化器（incubator）和股权投资和退出的方法推进技术导向型公司的产生和发展，并通过高质量的场所和设施提供其他增值服务[1]。

欧盟定义的科技园是新企业在有限空间里聚集的场所。通过为企业提供带有公共设施的模块化的建筑以改进发展机会和生存能力（European Union，1990）。

相对于 ISAP 强调科技园是将科学转化为技术应用的孵化器，欧盟则强调科技园是新企业的场所。

英国科技园协会（UK Science Park Association，UKSPA）[2]拥有 70 家科技园成员，它认为科技园向高技术公司提供办公

---

[1] IASP International Board，6 February 2002.

[2] 资料来源：http://www.ukspa.org.uk/information.

场所及其他所需资源，以供其扩张和发展。"科学园"这一术语是用来形容一系列以资产为基础的开发方式，来支持创新性的、基于知识的公司。这些开发方式包括研究园区、技术园区、技术中心、技术极、创新中心和基于科技的孵化器。发展一个园区的合作伙伴，可能包括私人投资者、大学、区域发展机构、地方议会和科研院所。科学园的设计，是用以支持创新型的、基于知识的公司的启动和发展。园区提供了一个环境，让大型国际企业和小型创业公司通过使用专业化的设施和先进设备，可以进行研究和产品开发。这样的园区通常提供一系列现场服务，范围涉及接待室、会议室和餐厅的提供，商业规划建议，以及支持获取有关融资。

Storey and Tether（1998）从宏观政策角度研究科技园，他们认为，科技园是地方大学将他们的研究成果在便利的地方商业化，同时也为已有的良好运作的公司（也可是大型跨国企业）提供接近于大学校园的场所，以推进企业研究和大学院系或个人的联系，为那些运用和开发复杂技术的小企业提供高质量的有声誉的场所，这些小企业通过科技园提供的管理服务而与大学和临近的小企业紧密联系而受益（Storey & Tether，1998）。

国外有关科技园的定义尽管说法不一，但一般都重视三个因素：地理位置和研发机构较近，核心企业是知识或高科技企业，有帮助新企业发展的专业管理职能即孵化职能。

美国大学科技园协会（Association of University Research Park，AURP）认为，大学科技园是 a property-based venture，掌握为私人或公共机构研究使用的财产、建筑和设施，方便高科技公司使用以及提供服务支持；和一个或多个高校的科研机构建立合同的、正式或可运作的关系；通过与工业界的合作提

9

升大学的研究和发展，并帮助新企业增长和提高经济发展水平；帮助技术和商业技巧在大学和工业团队之间的转移；帮助社会或地方的技术导向的经济发展。

2001 年 6 月，科技部、教育部联合下发的《国家大学科技园"十五"发展规划纲要》明确指出，大学科技园是以研究型大学或大学群体为依托，利用大学的人才、技术、信息、实验设备、文化氛围等综合资源优势，通过包括风险投资在内的多元化投资渠道，在政府政策引导和支持下，在大学附近区域建立的从事技术创新和企业孵化活动的高科技园区。它是高校技术创新的基地、高新技术企业孵化的基地、创新创业人才聚集和培育的基地、高新技术产业辐射催化的基地。2006 年 1 月，教育部、科技部制定的《国家大学科技园"十一五"发展规划纲要》进一步强调，大学科技园是国家创新体系的重要组成部分和自主创新的重要基地，是区域经济发展和行业技术进步以及高新区二次创业的主要创新源泉之一，是中国特色高等教育体系的组成部分，是高等学校产学研结合、为社会服务、培养创新创业人才的重要平台。一流的国家大学科技园是一流大学的重要标志之一。2011 年 8 月，教育部、科技部制定的《国家大学科技园"十二五"发展规划纲要》中指出："国家大学科技园的建设和发展取得了显著成效，已经成为转化高新技术成果、孵化高新技术企业、培育战略性新兴产业和高校师生创业的重要基地。"

我国学者从 20 世纪 90 年代后期开始研究科技园，有学者认为，大学科技园亦可称为大学科技工业园、大学高新技术园区、大学科学园或高新技术成果孵化基地（李平，1999）。也有学者从功能角度研究，提出大学科技园是以拥有知识、人才和技术优势的高等学校为依托，通过创办科技企业或高技术公司，实行研究、开发与生产相结合，来促进科技成果转化为商品和产业的校园及其周边的特定地域（樊晨晨，2000）。或者认为科技是某种特殊的社会组织，即认为大学科技园是以高等院校和科研院所为依托，以高新技术企业为龙头，走产学研一体化之路，实现一定区域快速发展的经济社会组织（胡石明，2000）。也有不少学者认为，科技园是一种孵化器，中国的大学科技园应是以研究型及高层次大学为母体的一种特殊的高新技术产业化孵化器，不同于一般定义上的高新技术园区（陈劲等，2001）。或认为大学科技园是依托大学的科技和人才优势，利用大学多年积累的科技成果、人文环境、区域特征和基础设施条件以及国家的优惠政策，建立良好的创新创业环境，以促进高等院校科技成果转化、培养高新技术企业和企业家为宗旨的科技企业孵化器（顾新等，2002）。还有学者认为，科技园具有复合的功能，如认为大学科技园是将科技成果转化成生产力的孵化器，也是培养创新型、实践型、复合型人才的基地（董维国等，2002）。或者从组织特性角度认为大学科技园是大学科技园作为一种产学研一体化发展的新型社会组织形式，聚集着丰富的创新资源，它不仅是新的知识、技术和制度的载体，也是一种新文化的载体。创新是大学科技园的灵魂，大学科技园的一切活动要围绕创新来进行（黄亲国，2007）。

2.2 产业经济和知识经济理论

科技的发展并不能由市场自动调节，需要政府的干预和支持。从经济理论上来说，科技园是对市场失灵的补充；从另一个角度看，科技的发展或产学研的关联可能会带动一个产业群的发展，科技园的建设有很强的正的外部效应，也需要政府的扶持。科技园的公共服务平台的建设，方便了企业、政府、大学的交流和信息传输和合作，减少了交易成本，减少了办事的障碍，从交易成本角度看，科技园也可看成市场经济的产物。但对科技园的各种理论的探索，大多从产业经济或知识经济角度去研究，从产业经济角度的研究主要是关于产业集聚的理论。

2.2.1 产业集聚理论

产业集聚是相互关联的企业在一定的区域内聚集，从而形成比较健全又相互补充的产业体系。对产业集聚的研究是从马歇尔的研究开始的。马歇尔较早从产业聚合角度分析与研究企业和经济发展。马歇尔在其经典著作《经济学原理》中提出"产业区"（Industrial District）的概念（Marshall，1920），指的是在特定地区往往会出现具有分工性质的企业的聚集，这样特定的区域就是产业区。这些产业之所以在特定区域集聚，是因为产业聚集产生了外部效应（克鲁格曼，2000），这些外部效应的收益主要有：①专门技能的工人在该地区更容易找到工作，企业也容易找到需要的员工，这是劳动力市场的蓄水池（labor pooling）作用。②原材料、中间品投入、昂贵设备的共享（input sharing）。③知识的外溢效应（knowledge spillover）。此后，韦伯（1997）又从工业区位角度研究产业聚集，提出了聚集经济（agglomeration）的概念；他从集聚的收益和成本的比较探讨企业是否会形成集聚，分析中既考虑区域因素又考虑位置因素。将产业集群研究推向新的高度的是迈克尔·波特在 1990 年发表的《论国家的竞争优势》和保罗·克鲁格曼在 1991 年发表的《收益递增与经济地理》。波特探讨了聚集经济与政策、规模经济、要素等的关系（波特，2002）。新经济地理的开创者克鲁格曼则研究了处于中心地区的制造业和外围农业在规模、运输、产业聚集等方面的关系（Krugman，1991），并解释了新经济地理有什么新意（Krugman，1998）。Baptista的研究发现产业聚集确实能促进技术创新。产业聚集和知识经济紧密联系在一起，分享管理与技术诀窍、信息创造和创新，推进产业的聚集（Baptista and Swann，1998）。Grant（1996）分析了环境的优势，认为环境竞争的优势来源于资源和生产能力，而不是市场的定位等因素管理。Vedovello（1997）分析了科技园和大学产业的互动，指出这种互动是发展的驱动力，而地理上接近也很重要。Mathur（1999）解析了区域经济发展的人力资本战略。国内学者分析了高科技企业产业集聚的概念和评估指标（倪卫红等，2003），也从空间经济学角度研究产业经济，建议要提高要素生产率和培育产业聚集优势（梁琦，2006）。对中关村产业集聚模式的研究发现，分别从外部因素、内在动力和形成路径提出中关村产业集聚的特点（齐园，2007）。

2.2.2 知识经济理论

经济合作与发展组织（Organization of Economic Cooperation and Development，OECD）在 1996 年的年度报告中为知识经济做出如下定义：知识经济是指以现代科学技术为核心的、建立在知识和信息的生产、传播、使用和消费之上的经济（OECD，1997）。知识经济也从基于工业化和低成本的竞争转为有效的生产、分配和创造财富的知识的应用[1]（OECD，1996）。与传统的经济形态不同，知识经济的发展不是直接取

---

[1] OECD (1996), The Knowledge-based Economy, OECD, Paris.

决于资源、资本等有形资产的的数量、规模和增量，而是直接依赖于知识或有效信息的积累和利用。Spender（1996）将知识作为公司发展战略管理的基础，Liebeskind（1996）研究了知识、战略和公司的关系，Johannisson（1998）研究了知识性企业的人际网络研究，Chen（1997）认为知识的创造和分享是竞争力的新的来源，Storey（1998）探讨了欧盟的新技术企业和公共政策的关系，Arbonies（2002）分析了知识集群的例子，Chen（2002）则以台湾为例，解释了全球化的生产网络和信息技术的关系，Scheel（2002）分析了技术创新系统的知识集聚现象。知识经济的兴起，是人类社会物质财富尤其是精神财富长期积累的必然结果，是现代科学技术对社会的作用逐步深化，科技与经济关系日益国际化、多样化、复杂化的结果。

大学科技园是随着知识经济时代发展产生的，是构成知识经济社会的新细胞，也是推进科技创新和教育体制创新的新的载体。在大学科技园和大学管理的孵化之外，公司和学术机构之间的合作和研究发展活动很少（Lu，2008）。可见，知识经济兴起是大学科技园发展的重要实践背景。

2.2.3 三螺旋理论

Messay 和 Quintas 解释了用线形模型命名的传统技术创新模型，传统的技术创新模型由技术推动模型和需求拉动模型组成。技术推动是指基础研究活动在应用研究、技术发展、生产和市场中扮演重要作用，市场拉动指市场需求产生了技术发展、生产和市场（Messay & Quintas，1992）。Kleine 和 Rosenberg 提出链式模型解释技术创新，认为研发（Research and Developmert，R&D）活动、生产和市场扮演了同样重要的作用

（Kleine & Rosenberg，1986）。Felsenstein 提出用经济和技术的进化理论解释技术创新的过程（Felsenstrein，1994）；Smith 认为技术创新不仅来源于 R&D 活动，也来自于企业和环境的互动等（Smith，1994）。Asheim 解释了产业集聚可通过非正式的干中学（learing-by-doing）和用中学（learning-by-using）刺激技术创新（Asheim，1997）。

由大学等传统知识提供者按学科组织科研被称为知识生产的第一种模式，和大学外的合作伙伴紧密合作跨学科或多学科的研发被称为知识生产的第二种模式（Gibbons，et al.，1994；Nowotny，et al.，2001）。而知识生产的第三种模式就是大学、（地方）政府机构和产业界的更加接近和频繁的互动联络，这是一个新的体制安排，即被称为三螺旋概念（Etzkowitz & Leydesdorff，2000）。

三螺旋（Triple Helix）模型理论是在 20 世纪 90 年代中后期开始流行的创新结构理论。在分析大学、企业、政府的关系时，一般从两者出发讨论，即讨论大学与企业、企业与政府或大学与政府的关系，即双螺旋关系。美国学者 Leydesdorff 和 Etzkowitz 于 1996 年首创了三螺旋模型的概念（Leydesdorff，Loet & Etzkowitz，1996），用以解释大学、企业和政府三者的互动及反馈的关系，指出"大学—产业—政府之间相互作用，在各种各样的结合中，每个机构范围保持传统作用和独特身份同时又起着其他机构范围作用的三螺旋模式，是组织创造的兴奋剂。"（Etzkowitz，1997）政府、企业和大学都是创新的主体，同时又是创新的组织者，在创新活动中，政府既不能过分干预，又不能放任自由。三螺旋理论提炼了"国家创新体系"（Lundvall，1988；Nelson，1993）、　"转型的研究系统"（Cozzens，et al，1990；Ziman，1994）、"模型 2"（Gibbons，et al, 1994）和"后现代研究系统"（Rip & Van der Meulen, 1996）的不同理论，可将这些理论看成三螺旋理论动态特征的不同分支（Leydesdorff, 1997）。三螺旋理论提出后，在学界引起很大反响，至今在全世界已召开六届国际三螺旋大会。我国学者周春彦（2006, 2008）和 Etzkowitz 合作介绍了三螺旋理论，并用线形网状模型，说明创新可以从科学（S）、技术（T），研发（R&D）、生产（P）和市场（M）任何一种活动开始（见图 2-1）。文中提到晶体管发明者之一 John Bardeen相信，"先看到技术基础后发展相应的科学，而不是（反过来）在科学上找到什么东西然后寻求它的技术应用，具有一定的意义"。

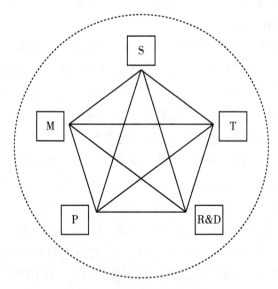

图 2-1　非线形网状创新模型

三螺旋既有静态的内核外场的概念，又有进化完善和内部交叉循环的特点。Etzkowitz 希望三螺旋能在政府、企业、大学的互动中发展通讯、网络和组织交叉重叠（Etzkowitz, 2006）。

在 2007 年第六届国际三螺旋大会上，埃茨利威兹等介绍了三螺旋循环的概念，列举了人才流动引起的人员的循环，是基于创新网络的信息循环和参与者互惠的输出循环（见图 2 - 2）。认为这些循环是发挥三螺旋作用的重要因素（埃茨利威兹等，2007）。

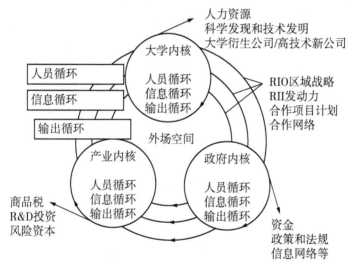

图 2-2　横向的三螺旋循环

2.3　产学研理论

2.3.1　孵化器理论

产学研官合作于 19 世纪后期起源于日本，大学的 R&D 帮

17

助了产业刚刚出现的 R&D（Kodama，1991）。在美国，早期出现的工业实验室就有不少大学和产业的联系。

一个高新企业的成立需要了解技术的发展动态和掌握联系相关资源的方法。Birley（1985）分析了创业过程中网络的作用，Robert D. Hisrich 研究了企业发展中心的运作，指出良好的技术发展需要在管理上做好四个方面：文化，创业赛，工作细化，培训（Hisrich，1988）。Quintas 研究科技园的产学合作和创新（Quintas，Wield & Massey，1992）。Santoro 研究了科技园研发中心和企业的关系对技术转移的影响（Santoro & Go-palakrishnan，2001）。

联合国开发计划署顾问罗斯顿·拉卡卡在他的题为《经济发展中的企业孵化器——在发展中国家初步评价》的报告中，这样定义企业孵化器："企业孵化器是一种受控制的工作环境，这种环境专为培育新生企业而设计的。在这个环境中试图创造一些条件来训练、支持和发展一些成功的小企业家和盈利的企业。"（拉卡卡，1997）在任何时候，美国有 4% 的成年人，约 720 万美国人准备开办新的公司（Gendron，1994）。美国企业孵化器协会①认为，孵化器是一个企业发展的加速器，它培育年轻的企业，并帮助它们度过最易受到伤害的初期阶段。美国的马克·P. 雷斯博士认为孵化器是一种企业辅助机构，为企业提供合理的建议、忠告和服务，并根据需要作为其他人和资源服务的转换中心。我国科技部在《中国科技企业孵化器"十一五"期间发展纲要》指出科技企业孵化器是连接知识源头和高新技术产品产业的桥梁，是提高科技自主创新能力的环节，是促进创新成果产业化的重要载体，是促进科技

---

① http://www.nbia.org/.

型中小企业发展的强大支撑力量，是现代高技术服务业的重要内容，是国家科技创新体系重要的组成部分，是区域创新体系的核心内容。

对孵化器的作用研究，学者研究孵化器到底效果如何（Ambrosio，1991）。英国孵化器协会（United Kingdom Business Incubator，UKBI）认为孵化器是支持革新和创新者以推进企业长期可持续发展的组织①，在2000年对150家孵化器做了调查。根据UKBI的调查结果②，64%的孵化器是专业孵化器，比如生物技术、IT电子等。在孵化器企业提供的支持服务方面，所有的孵化器都有一定的管理人员，平均每个孵化器管理人数为6人。所有的孵化器都能够提供会议室、设备等硬件设施和一些共享的服务等软件服务，其中94%的孵化器为企业提供发展规划支持，89%的孵化器能够提供企业培训服务，85%的孵化器能够提供财务建议，81%的孵化器提供市场营销方面的建议与咨询，66%提供管理培训，67%可以提供法律方面的建议，77%能够提供企业发展的项目。在政策和实践方面，所有的孵化器都是按照严格准入政策来运营的。对于待进入孵化企业来说，它们必须提供和大学有紧密关系的证明，否则就不能进入孵化器当中。英国150家孵化企业中，65%的孵化器设定一个最长的孵化时间，一般来说平均时间是29个月。所有孵化器都有共同的目标，包括创建新企业、创造工作机会、技术创新的产业化等。

孵化器在英国地区和区域社会经济的发展中起到重大的作

---

① http://www.ukbi.co.uk/.
② 资料来源：华侨华人经济技术网，http://www.tt91.com/overseas/wenzhang_detail.asp?ID=128466&sPage=3.

用。孵化成功率较高，在孵化器当中存活了 29 个月的比例平均是 85%，每个孵化器平均在孵企业为 30 个，提供 167 个工作机会①。在 2008 年对孵化器的调查发现②，在 265 个孵化器中，平均孵化规模约 3500 平方米，77% 为非营利的组织，预孵化的服务比以往有所增长，33% 的孵化器有孵化前期的服务，8% 的孵化器专注于预孵化。越来越多的孵化器走向专业化，如高科技产业、创意产业、知识产业、生物技术园、先进制造园和新能源等。租金和政府支持为主要收入来源，约占成本的 66% 和 15%。各园区平均孵化企业是 32 家，最多 200 家。孵化器提供的服务有会议室、接待室、宽带及上网、电话网络等。

2.3.2 关于科技园的实证研究

不同国家的学者对科技园都有所研究。

Currie（1985）分析了科技园在英国应起的作用，Mac-Donald（1987）探讨了科技园的政策与政治问题，Bower（1993）介绍了科技园成功的合资企业，Felsenstein（1994）研究了大学科技园的性质，Westhead（1995）分析了大学研发机构和高科技公司的关系，后来 Westhead（1997）还比较了科技园区内外企业的绩效，Siegel（2003）则分析了英国科技园和新技术公司的情况，Deeds（2000）分析了新的生物科技公司研发效率提高的关键因素。Richard 比较了位于瑞典科技园的新技术公司和不在科技园的新技术公司的生存和发展，发现在销售和就业方面有明显的区别。在科技园的公司相对生存

---

① http://www.tt91.com/overseas/wenzhang_detail.asp? ID = 128466&sPage = 3.

② http://www.ukbi.co.uk/index.asp? SID = 313.

较好，但情况较分散。坐落科技园的形象优势并不能解释增长，但和大学合作的地理位置优势和增长正相关（Richard，2004）。Hansson 研究科技园的作用，在他看来，对科技园的实证研究有很多方面，较为一致的研究是估计科技园对经济的影响，即比较不同科技园对经济年增长率、利润、就业、新公司的成立数量等影响的不同；另一角度对科技园的实证研究视角完全不同，是从几个公司的案例出发，研究企业内部运作机制及他们如何和科技园发生联系以得到完整的图象（Hansson，2007）。前者研究倾向于度量多个科技园的少数几个指标，尤其是新公司成立的数量，可发现不同科技园差异很大；而后者的研究结果虽然分析了科技园在产品创新及整合外部要素方面的功效，但由于案例有限，其研究结果的有效性和一般性不够。

Siegel 汇集了有关科技园作用和影响的不同文献，发现在方法上都有一定的缺陷。验证有关影响的数据范围小，对少量数据过度使用，由时间序列数据看不出科技园的差异性影响（Siegel，et al.，2003a）。根据不同文献研究的汇总，对科技园的影响因素概括为四个问题：

（1）科技园内的公司是否比园外公司有更高的研发效率？

（2）园内企业是否因科技园种类（如大学科技园等）不同经济回报不同？

（3）园内公司是否因企业家不同而有不同的经济回报？

（4）大学科技园的活动怎样影响大学的技术转移？（如技术许可协议等）

这些研究的问题和对科技园作用的一般理解有关。但是，这些问题并没有覆盖知识生产的组织和管理内容，也没有在科技园运作的智慧资产的情况。实际上这些研究都假定知识的生产过程已组织好并已运作良好，科技园只要考虑怎么协调园区的组织和企业产出的关系就行。Siegel 揭示了宏观角度度量科技园作用的天生的方法上的困难。由于官方的统计信息的限制，一般只能比较园内企业和园外企业的差别，而不能分析知识组织的过程，也不能分析园区不同要素及与园外环境要素的互动所产生的（网络）知识创造（Siegel, et al., 2003a）。

考虑度量科技园生产率的困难，尤其是度量技术溢出对企业生产率的影响的困难，Siegel 调查了不同科技园的情况，限于较独立的科技园企业的情况，也就是那些较大公司的情况，发现在大学科技园的公司比园外公司有略高一点的研发效率（Siegel, et al., 2003b）。Dahlstrand and Klofsten 通过对一些较少样本的瑞典科技园研究提出：瑞典科技园的主要目的是学术研究成果的转移和商业化，由此产生许多大学和其研发机构合作的机会（Dahlstrand and Klofsten, 2002）。然而，发现科技园中仅有25%的企业是由大学转移出来的。这个研究还探讨了大学在创业中的作用。Johannisson 发现，企业家的网络行为也会随其学历而改变的（Johannisson, 1998）。

有趣的是，很多学者发现（Massey, et al., 1992；Storey & Tether, 1998；Mønsted, 2003），大多数欧洲科技园企业雇佣员工10～20人。除了法国的大部分科技园在20世纪70年代建立外，大多数欧洲科技园都在80年代和90年代建立。这和美国的情况不同。Storey and Tether 认为科技园的作用是间接和中介的，要长时间才能见效，并和很多其他支持高新企业的政策有关。这样的政策如博士供职支持，大学和研究机构的技术技持，政府的直接财政支持和咨询服务等。这些研究都没有考虑学习、知识交换、网络和其他组织活动等非传统因素（Storey & Tether, 1998）。

对科技园的另一类研究是案例分析。Lindelöf 和 Löfsten 建议对科技园的研究应从学习而不是创新角度出发（Lindelöf and Löfsten，2003）。因为创新很难有指标度量，很难用一些宏观指标反映企业的创新能力和创新生产率。和用宏观指标的研究相比，案例分析可应用定性指标分析企业，可深入了解内在机制，当然，结论的一般性也较差。

大部分对科技园的研究都没有将科技园作为学习型组织。大多科技园也将建立创新企业作为他们的优势，而不是学习型的环境。这看起来有点矛盾，在组织理论中有很多知识组织的研究，而对科技园的研究只有在案例研究中才谈及知识管理。在案例分析中用到了很多的知识管理的理论。

Lindholm Dahlstrand 对瑞典哥特堡地区的高新中小企业的案例分析中探讨了复杂的组织过程（Dahlstrand，1999）。他们发现哥特堡（Göteborg）地区的技术密集型中小企业家来源于两个地方：查尔姆斯大学或大中型工业企业。这里可看到科技园是区域创新大系统的一部分，而不是其基本单位。对科技园影响的研究不再以园内和园外相比较，而是研究创业和大学及其他公司的直接和间接关系。其结论是，在案例科技园，除了作为新公司的场所外并没有什么其他可见的影响。那些在科技园实际发生的和知识创造有关的管理活动很难观察到。有关哥特堡的研究结果体现了现代和成功的科技园的状况，因为研究不仅包括对园区和园内企业的研究，也包括对和其他知识组织的网络关系的研究。在这样环境中发现了在企业间的知识创造和知识在一系列过程中的传输的证据。

另一个案例是关于地方大学和不同组织、财务协议等的合作系统的情况。英国的 INEX① 就是这样一个在电子、微系统、纳米技术的合同管理、制造和商业化的服务中心。2001 年创建的 INEX 有很多管理的创新，如技术村、研发资源的组织、研发计划的咨询等，Hansson 称之为新的第二代科技园（Hansson, et al., 2005）。在大学创造创业的文化和氛围，组织相关研发资源，可避免技术人才在创业中分心于非技术工作，将大学里的未充分利用的本科生、研究生、博士后调动起来，使他们成为新技术公司和基于知识的新技术发展的骨干力量。

Finn Hansson（2007）总结了不少对科技园的研究，发现从收入或生存比率来看，科技园对创新和经济增长的贡献并不明显。他提出现代组织理论，特别是通过一系列网络和其他可变组织创造、管理、组织、传输知识，将科技园变为知识经济的载体。在知识经济时代，科技园的组织必须按现代知识组织重组，否则，会被认为是过时的组织。

---

① 资料来源：http://www.inex.org.uk/.

第三章 科技园发展历史和现状

3.1 国外科技园发展状况

斯坦福研究园总裁 Carlson 博士在庆祝该园成立 70 周年时说，这也许是历史上技术创新的最好时期。确实，世界范围内的科技园是在最近 70 年发源和壮大起来的。科技园的发展没有明确的阶段划分。有学者认为世界大学科技园从 20 世纪 50 年代自发形成至今大致可以分为四个发展阶段（黄亲国，2006）。

初创阶段（1951—1970 年）：这个阶段是大学科技园的起步、探索阶段，建立的科技园主要有美国 1951 年创立的斯坦福研究园（硅谷）、波士顿 128 公路地区的高技术区和北卡罗来纳州三角研究园，苏联 1957 年创立的新西伯利亚科学城，日本的筑波科学城，法国的索非亚·安蒂波里斯科学城等。

缓慢发展阶段（1971—1980 年）：这个阶段以英国剑桥科技园为代表，韩国的大德科技园也是这个阶段建立的，但总体来说，大学科技园属于缓慢发展阶段。

快速发展阶段（1981—1990 年）：这个时期，各种类型的科技园区不仅在美国蓬勃发展，而且在世界范围内也形成了一股热潮。至 1990 年，美国已设立 141 个科技园区，其中大部分是大学科技园；其他发达国家如法国、德国等也纷纷建立不同形式的科技园区；最重要的是，一些新兴工业国家和发展中国家及地区也不甘落后，纷纷建立科技园区，如我国台湾建立了新竹科技园、新加坡建立了肯特岗科技园、印度建立班加罗尔科技园，我国大陆开始尝试建立高新技术开发区等科技园区。这个时期，科技园发展迅速，10年间新增科技园区500多个。

持续发展阶段（1991—目前）：这个阶段科技园区在发展中国家和地区蓬勃兴起和发展，世界上兴起了建设科技园区的热潮，科技园区迅速扩大，已达1000多个。

各国科技园发展阶段不同。世界上大多数科技园是20世纪90年代后成立的，其中很多就是21世纪前后发展起来的①。科技园的发展和一国的科技状况和科技政策紧密有关。欧美的科技园是私有部门顺势发展科技的产物，而日韩等则是政府引导科技发展的产物。下面以美、日、韩的科技园发展为例介绍国外科技园发展的情况。

3.1.1 美国的科技园

根据1998年美国大学科技园协会（AURP）的定义，科技园有三个要素：①有一定的土地和场所；②有从事技术转移活动的组织；③存在学术机构、政府、企业的合作关系。此后，有着这三个要素的全部或部分的组织或机构都可称为科技园。美国最早的科技园是斯坦福科技园，也是世界最早的科技园。斯坦福科技园于1951年成立，当时是将新兴工业接近大学以促进科学应用和技术发明。继斯坦福大学科技园成立后，周围一大批高新技术企业相继出现，这就是大名鼎鼎的"硅

---

① http://www.stonecreekllc.com/science-technology-parks.html.

谷"。紧接着斯坦福科技园，1952年，康奈尔大学科技园成立，50年代美国相继成立了5个科技园。

硅谷是世界科技园发展的鼻祖，无疑也是迄今为止最成功的大学科技园。除了硅谷之外，美国著名的大学科技园还有以哈佛大学和麻省理工学院为核心的波士顿科技园区（128公路）、北卡罗来纳的三角研究园、乔治亚大学科技园、康乃尔大学科技园、犹他大学科技园等。目前，美国最大的科技园是1959年成立的三角洲科技园，面积约6800英亩（约27.51平方千米），人数也最多，有37000名员工。

美国的大学科技园以高水平研究型大学为依托，以高新技术产业群为基础，形成了产、学、研三位一体的科技发展体系，采用市场导向为主的发展模式，注重科研与市场的紧密结合，大大缩短了科技成果转化和产业化的周期，推动了知识经济的快速发展，是美国经济发展的引擎之一。

这里就以硅谷为例分析一下美国大学科技园的发展。据统计[①]，2000年，硅谷地区的GDP总值超过3000亿美元，占美国GDP的3%左右；2004年该地区人均收入5.3万美元，是全美人均收入的1.6倍。同时，诞生于硅谷的惠普、Intel、太阳微、思科、甲骨文、安捷伦、苹果电脑等世界性跨国公司年销售收入均超过或接近百亿美元。

硅谷的灵魂是国际斯坦福研究院（Stanford Research Institute Insternational）。它是一个独立的、非营利性的综合性咨询研究机构，主要服务对象包括政府机构、商业企业、资金会和

---

① 广东省教育部产学研结合协调领导小组办公室、广东省政府发展研究中心联合课题组：《国内外产学研发展趋势及经验借鉴》。教育部科技发展中心2007-12-27发布。

其他组织，为它们提供解决方案；另外，国际斯坦福研究院还通过知识产权认证和创建新企业把所研究出来的创新产品推向市场，这一点与创业园、高新技术开发区和大学科技园的性质相似。该研究院研究领域非常广泛，其中包括信息技术、生物工程、人工智能、系统工程、医疗、卫生、教育、经济、管理科学和社会系统等。

国际斯坦福研究院的发展和美国当时经济、政治和社会的现状有着非常紧密的联系。

早在19世纪二三十年代时，斯坦福大学的教授罗伯特·斯万（Robert Swain）曾提出过建立一个研究中心，主要用于研究化学、物理和生物的设想，并得到了当时的校长雷·莱曼（Ray Lyman）和校友赫伯特·胡佛（Herbert Hoover）的支持，但由于美国经济大萧条和第二次世界大战，这个构想没有得到实施①。

第二次世界大战之后，斯坦福大学研究机构的概念再一次被提出，1946年11月6日斯坦福研究院（Stanford Research Institute，SRI）成立，以推进美国西部经济发展。60年代是美国的社会和政治出现了巨大变化的时代，柏林墙兴建、人类第一次进入太空、人类可以在月球上行走……此时，斯坦福研究院也从西部海岸开始扩张，建立它的声誉，在计算机、机器人、工程技术和经济发展方面的突破使它成为世界地图上创新的领头羊。1970年，斯坦福研究院从斯坦福大学独立出来，1977年正式更名为国际斯坦福研究院（SRI International）。80年代是美国医学高速发展的年代，而硅谷也开始成为世界的技术中心，1987年戴维·桑纳福（David Sarnoff）研究中心（前

---

① 国际斯坦福研究院官方网站，http://www.sri.com/.

身 RCA 实验室，现桑纳福公司，主要的研究领域是电子学、生物医学和信息技术）被通用电气公司划入国际斯坦福研究院，使国际斯坦福研究院的发展进入了一个新的旅程。到2006 年，国际斯坦福研究院的员工已超过 25000 人，完成的项目超过 50000 个，形成了 20 多个剥离企业①。

硅谷能够兴盛的最重要的原因是它能够将产、学、研完美地融合在一起。企业是硅谷技术创新的主体，是硅谷发展的驱动器，企业有着敏锐的市场嗅觉，它能够按照市场规律进行技术研发和创新，这也是硅谷能够从最初的微电子时代顺利过渡到如今的网络时代，从发展低潮重新走向高潮的最重要因素。大学和研究机构是技术创新的重要源泉，斯坦福大学和硅谷的研究机构面向市场，积极向产业界靠拢，直接参与了知识的生产、传播和应用过程，把科学研究和技术开发、人才培养结合起来，成为硅谷最重要的创新源，使得技术创新有了源源不断的发展动力；同时作为硅谷的核心，它们把政府和企业联结到一起，使各个参与主体的优势得到最大程度的发挥并最终形成强大的凝聚力。政府是硅谷技术创新的服务者和支持者，它的作用主要体现在两个方面：第一，政府为硅谷新技术的发展提供自由的创新环境和健全的法律环境，并给予政策和经济上的支持；第二，政府积极改善硅谷的硬件基础设施，如承担交通状况、环境保护等方面的投资，同时，政府为硅谷的扩张提供服务，如硅谷的发展需要扩展规划用地，政府积极为其保驾护航。

硅谷的成功也被认为是高技术创新集群的成功（潘忠志、

---

① Leading Research Institute SRI International Celebrates 60 Years of World-Changing Innovations, Business Wire, New York, Nov 6 2006.

高闽、赵晶，2008）。潘忠志等（2008）基于创新的演化，分析了硅谷高技术企业集群的阶段性演进，根据硅谷发展过程中企业创新的组织模式和企业间的合作关系变化，将硅谷的演进划分为独立分散创新阶段、创新合作网络阶段和模块化①创新组织模式阶段。他们根据技术创新活动的信息体制处理系统性和特质性参数变化的分工演化和信息流程的改变，把硅谷高技术企业集群发展演进过程分为三个阶段：一是信息分散化体制下的独立分散式创新，二是信息同化体制下的网络一体化的创新，三是信息包裹下的模块化创新。他们认为，信息体制的演变是为了降低治理成本和提高创新效率。

硅谷的发展代表了美国大学科技园的发展过程，硅谷模式是美国大学科技园的典型模式，这种模式以市场力量为主导，被认为是目前为止最成功的发展模式，产生了巨大的经济效益，直接推动了大学科技园在世界各地的蓬勃发展，因此也是世界各国争相模仿的对象。但这种模式也存在一定的弊端：第一，由于过分依赖市场机制，因此企业之间的竞争异常激烈，合作和协调不足，从而在很大程度上造成了资源的浪费。第二，市场化模式必然伴随着分散决策，因此随着硅谷的发展，出现了许多尖锐的社会问题。土地供应短缺，房地产价格昂贵，劳动力成本和生活成本急剧上升，交通拥挤、环境污染和公共教育水平下滑等问题日趋严重，而且城市化地区扩张速度缓慢与城市人口激增又加剧了这种社会经济矛盾。第三，追求暴富的急躁心态，使勇于创新、容忍失败的企业家精神正经受

---

① 模块化的思想最早诞生于1946年冯诺依曼、伯克斯、戈德斯泰因关于开发新的计算机的设想，真正的模块化产品是20世纪60年代IBM推出的360系统。在1970—1996年间，硅谷的计算机产业逐渐演变为一个巨大的模块化的簇群。

巨大的挑战和震荡，创新文化正面临着侵蚀。

Albert N. Link 探讨了美国科技园的发展，根据美国大学科技园协会（AURP）的目录，调查了50家科技园的情况，将美国的科技园分为三类：第一类是以提供场地为主的与大学无从属关系的科技园，第二类是与大学相关有租户标准的科技园，第三类是无租户标准的大学科技园。租户标准指以研发为基础或雇用毕业生等。他们发现，没有租户要求的大学科技园发展要慢点，并且大多数科技园并没有特别的孵化器（Link，2003）。

3.1.2 日本的科技园

欧美的科技园多为私有企业创立，大多为市场推动。和欧洲不同，后起的工业国家如日本和韩国采取了政府导向的工业和技术政策，其科技园多为政府创办。

日本在世界科技园的开发和建设中独树一帜，政府动用资源和力量，在大学边缘的条件适宜地区开辟了科技园区。日本自"二战"以后，为实现从"贸易立国"转向"技术立国"，从强调应用研究逐步转向注重基础研究，从技术模仿转向技术创新，日本政府从政策、计划、财政、金融等方面入手，加快了高新技术产业的发展，颁布了《高技术密集区促进法》，制定了实施科技园计划，先后建立了筑波科学城、广岛高技术城、宫崎高技术城等20多个科技园区。通过这些科技园区的建立，直接而有效地推动了地方传统产业结构迅速向高技术产业结构过渡和转化，促进了经济的振兴和发展。

日本对建设科技园决心最大，想得也最远。1963年，日本政府决定将筑波作为科学城的所在地，并成立了"集中科研机构评审委员会"，将各种研究机构和教育机构集中于此。1968年开始实施建城计划，前后一共花了近20年时间，耗资超过 100 亿美元，使筑波科学城成为日本的科研中心，它也是目前世界上规模最大、设备最完善的科学城。1985 年，日本通产省首批选定了在 18 个边远地区兴建技术城，神奈川科技工业园、广岛新技术园、熊本技术城等一批科技工业园便应运而生。至此，以筑波科学城为代表的科学城模式和以九州硅岛为代表的技术城模式在日本各地蓬勃发展。1995 年 11 月，日本议会通过了科学和技术基本法，为未来科技政策提供了框架。该法包括提升科技的政策、科技的基础计划、年度报告、政府措施等。从 2000 年开始，北海道还按照北卡三角园模式，着手在札幌、江别和千岁 3 个城市之间的三角形地区建设日本模式的三角研究园。2002 年，文部科学省出台了"知识群体创业计划"，其目的是培育日本的硅谷，促进尖端技术如光纤、碳纳米管和基因技术等的广泛应用。

20 世纪 80 年代初期，在推进技术社会的政策下，日本的科技园流行起来，日本的科技园被当作促进地区新生的高技术聚集的核心，中央和地方政府不遗余力地推广。1990 年，日本有 100 个科技园，到了 1998 年增加到 158 个科技园，其中有 9 个科技园停止运作（Masuda，1998）。

比较特别的是，除了靠近中心城市的筑波科学城，日本的大多科技园是亏损的。科技园的四大功能有：①支持研发和科技园内产业间的研发合作的中心，②研发核心，③民营企业的研发功能，④商业合作、地区合作以培养高素质人才和改善公司形象。以这四方面指标评价日本的企业，满分分别为 2、3、3、2 分，Masuda（1990）对 103 个科技园进行评价，有两个科技园是满分，即筑波科学城和关西科学城，也有 26 个科技园为零分。1998 年他再次做了研究，由于地方政府的阻力，他没有做出评价，因为一旦被评为低分，科技园将很难吸引投资和得到中央的支持。在 Park（2006）的研究中，低于 5 分的是不合格的，这样仍有 19% 的科技园是不合格的。可以说，日本的科技园建设并不完全成功。

3.1.3 韩国的科技园

20 世纪 60 年代后，韩国重视科技的发展。韩国的科技政策大致分为三个阶段：①集中化阶段。此阶段从 70 年代起到 80 年代中期，韩国的科技管理部门集中建立研究机构，从发达国家进口高科技，发展自己的研发项目，以科技促进工业发展。②分权化阶段。多个部门参与相应的发展科技政策的制定，如科技部、贸易和工业部、信息和通讯部、环境部、农渔部等，从 80 年代后期开始到 90 年代中期，多部门协作推进不同领域的科技发展是该阶段的特点。③分布式科技政策阶段。从 90 年代开始，伴随着地方政府的科技政策，改进研发效果和建立信息交流网络，在中小企业推进技术转移和技术创新。这三阶段分别从集中聚焦的政策到协作最后到网络和合作。

韩国科技政策的目标有四个：①建立知识基础的工业结构；②发展高科技工业和提供新岗位；③改进国家科技发明系统；④扩大科技基础。以知识为基础的工业结构可生产更高价值的产品；高科技并不大量增加工作岗位，但能增加工程师、科学家和技术人员的岗位；改进国家的科技创新系统，建立外购国内外技术资产的开放网络，建立柔性和均衡的创新系统。减少由于科技发展产生的不同地区、阶层知识差距，强化人民对科技的正面理解，可扩展科技基础。除了大德（Taedok）科学镇，韩国的科技园时间较短，和日本相似，科技园的发展也是政府推动的结果。韩国的科技园强调综合功能服务，如研发、信息交流、技术和商业孵化器、工业生产、文化和住房等。2000 年 3 月，韩国在建、规划和运营的科技园有 33 家，其中，有两家在运营，19 家在建，12 家在规划中。大多科技园的评价偏于中等。

韩国成功的科技园是韩国大德科技园，其规模很大，占地27.8 平方公里，其中，科研设施和教育设施占总面积的 47%，有 232 家各类机构，科研机构有 55 家，包括科学财团、航空宇宙研究院、生命科学研究院、标准科学研究院等，有 4 所大学、158 家风险企业。园区实行设施共用、信息共享的产学研互动机制，在园区的韩国电子通讯研究院共获专利 13000 项。

3.1.4 其他国家和地区的科技园

除了美、日、韩之外，英国的剑桥科学园也成立较早，1970 年成立的剑桥科学园是欧洲第一个大学科技园，到 2000年，剑桥地区约有 1200 家高技术公司，就业数为 35000 人，年贸易额达 40 亿英镑。此外，德国、法国、意大利、加拿大、新加坡、印度等国也都先后建立了为数不少的大学科技园。时至今日，在全球范围内具有一定规模、世人公认的大学科技园达到 1000 多个[①]。

3.1.5 各国产学研结合的形式

各国在不同程度上都对产学研做了支持。相比而言，欧美较为市场化，而日韩政府的主导性较强。各国的政策比较见表3-1：

---

① 资料来源：教育部科技发展中心，发布时间：2007-12-27，国内外产学研发展趋势及经验借鉴，文/广东省教育部产学研结合协调领导小组办公室，广东省政府发展研究中心联合课题组。

表3-1 世界各国产学研结合的主要形式①

国　家	产学研合作的主要形式
美　国	①受美国国家科学基金会（NSF）的规划与资助，在大学内建立"大学——工业合作研究中心（UICRC）"，"工程研究中心（ERC）"和"科学技术中心（STC）"等进行基础研究、应用研究和技术开发 ②依托著名大学创建高科技园区设立创新中心。中心内项目主要是促进高新技术公司将科研成果实现产业化，加快技术成果向产业化转变的速度
法　国	①建设"研究与创新网络（PRIT）"，由一个单位牵头，若干组织参与，推动产学研横向科技合作，促进企业技术创新，其运作方式多以项目合作为基础 ②在大学增设"成果转化服务中心"。该中心负责与大学公开科研成果转化相关的所有服务、科研合同管理、专利和许可证转让等业务
德　国	①建立"创新网络计划（InnoNet）"，促进中小企业研发创新 ②建立"主题研发计划（Fachprogramme）"，为由企业和公共研究机构组成的研究联合体提供直接的研究资助 ③通过公共研究机构促进技术转移，保持对新的基础领域的关注，又积极促进研究成果的应用，满足产业化发展的需要

---

① 资料来源：教育部科技发展中心，发布时间：2007－12－27，国内外产学研发展趋势及经验借鉴，文/广东省教育部产学研结合协调领导小组办公室，广东省政府发展研究中心联合课题组。

续表 3 - 1

国　家	产学研合作的主要形式
日　本	①政府主导确立产学官三位一体的科研体系。1987 年，文部省设立了三个国立大学协作研究中心：富山大学地区共同研究中心、神户大学共同研究开发中心和熊本大学地区共同研究中心。日本政府还成立由有关局长组成的促进研究交流协议会，以加强各省厅间的密切联系，推进产、学、官协作的顺利实施 ②创办促进科研成果转化的中介机构。如，在大学和科研机构比较集中的地方建"高科技市场"；在大学设立经政府批准的"技术转让机构" ③建立以科研机构和大学为依托，与集聚产业上下游关联的企业相互依存并形成有机联系"科技城"

　　各国虽然在科技园的建设和科技政策上有许多作为，但效果如何往往说法不一。Siegel 等发现在英国科技园内的企业其经济表现并不见得比外部企业好（Siegel, Westhead & Wright, 2003）。也有学者认为某些区域的中小技术型企业的业绩和创业者原来工作企业和联系状态有关（Dahlstrand, 1999）。

3.2　国内大学科技园发展状况

3.2.1　高新区

　　谈到大学科技园，不能不先看看高新技术产业开发区。在我国，高新区是高新技术产业化的基地。根据科技部的定义，国家级高新技术产业开发区①是指经国务院或省级人民政府批

---

① 资料来源：http://www.sts.org.cn/sjkl/gjscy/data2008/data08.htm.

准建立，旨在促进高新技术及其产业的形成和发展的特定区域（在国际上称为科技工业园区）。它通过实施高新技术产业的优惠政策和各项改革措施，推进科技产业化进程，形成我国发展高新技术产业的主要基地。

在高新区外，还有区外高新技术企业。区外高新技术企业指位于新建区外，但经认定按规定享受高新区优惠政策的企业。在高新区内，还有科技企业孵化器，科技企业孵化器指高新区独特的科技创业服务机构（包括各类创业服务中心）。

我国的高新区分别有国家级和地方级的，分别按各自级别享受相应的政策。在国家层面上就是国家高新技术产业开发区（简称"国家高新区"），截至 2009 年，经国家认定的国家高新区有 54 家。十年后，到 2019 年，已经有 168 家科技部认定的高新区。[①]

到 2009 年，广东有 4 家高新区，占 7.4%。到 2019 年，广东有 14 家高新区，占 8.9%。广东占比相对较高，高新区的发展和特事特办、特区特办的改革开放政策有关。

经过二十多年的发展，国家有关部门认为[②]，国家高新区"以创新为动力，以改革促发展，已经成为我国高新技术产业化成果丰硕、高新技术企业集中、民营科技企业活跃、创新创业氛围浓厚、金融资源关注并进入的区域，在我国社会主义现代化建设中起到了良好的示范、引领和带动作用"。在某种意义上说，在 1999 年政府推动科技园发展之前，高新区承担了部分大学科技园的角色。大学科技园是高新区的延伸。

---

① 资料来源：http://www.most.gov.cn/gxjscykfq/index.htm.

② 资料来源：http://www.most.gov.cn/gxjscykfq/.

3.2.2　大学科技园的产生和发展

自改革开放以来，几乎中国所有的理工大学都办起了校办工厂，这些校办工厂的佼佼者发展成高校科技企业。这些企业如何管理，与大学关系及经营问题等逐步浮现，酝酿着大学科技的建设思想（马凤岭等，2008）。

我国大学科技园的发展最早可以追溯到 1989 年创立的东北大学科技园（当时称东北工学院）。80 年代中期，受世界大学科技园蓬勃发展的影响，我国少数大学开始探索建立大学科技园。1989 年，东北大学科技园在沈阳南湖校区正式创办，这是中国首次成立大学科技园，揭开了中国大学科技园建设的序幕。1992 年哈尔滨工业大学高新技术园区开始启动建设工程，并在园区基础上组建以股份制经营和企业化管理为特征的集团公司。同年 9 月，北京大学提出建设"北京大学科技园"的构想，并成立了北大资源开发公司负责园区的建设和发展。1993 年 5 月，清华大学启动了"清华科技园"的规划和建设工作。大学科技园的出现和不断发展标志着我国教育、科技体制的改革有了新的突破，大学的产、学、研合作开始步入一个更高层面，我国创新体系建设的探索进入了新的阶段。

纵观我国大学科技园的发展，可以明显地分为两个阶段。第一个阶段是 1999 年以前，属于大学科技园的初步成长和自身调整巩固阶段，这个阶段的特点是大学科技园的建设以大学自发组织为主，国家层面没有统一的指导方针；第二个阶段自 1999 年开始，这是我国大学科技园的健康规范发展阶段，科技部、教育部开始从国家层面推进大学科技园建设，通过国家大学科技园的试办、认定，以保证我国大学科技园积极而稳步地向前发展。

第一阶段：1999 年以前。

继 1989 年东北大学科技园创办以来，90 年代在北京的清华大学、北京大学，上海的上海工业大学，哈尔滨的哈尔滨工业大学，南京的东南大学、南京大学，武汉的华中理工大学，沈阳的沈阳工业学院，成都的西南交通大学等高校陆续建立了十余个大学科技园。

自 1993 年起，国家教委、体改委、科委等组织号召高等学校加强科技成果转化，并相继出台了一系列推动大学、科研院所科技成果转化、产业化的法则和政策。1995 年 9 月，科学工业园第四届世界大会在中国北京举行。"大学与政府在科技工业园发展中的作用"成为大会主要议题之一，备受中国大学的关注。同年 11 月，国家科委火炬办与国家教委科技发展中心联合在北京召开了我国大学科技园诞生以来的第一次工作会议——大学科技园工作座谈会，东北大学科技园、上海工业大学科技园等相继向大会介绍了园区建设经验。会议总结、交流了大学创办科技园的成功经验，研究了大学科技园发展中存在的主要问题，探讨了进一步加快大学科技园发展的思路和措施。此后的 1996—1998 年，随着科技和教育体制的深化，高等院校等科技企业进行资产重组，发展集团公司，扩大经营规模，一些大学科技园逐步形成了一批具有标志性的高新技术企业集团公司，如北大方正、清华同方、清华紫光、东大阿尔派等。同时，我国一些大学创办了各种形式的大学科技园，有

①　关于认定国家大学科技园的准则，详见附录一《国家大学科技园管理和认定办法》（科技部、教育部 2006 年颁布）。

学校周边园、高新区的"区中园"、新辟地的科技园等。但总的说来，国家层面关于大学科技园的的规范化发展尚处于探索阶段。

第二阶段：1999 年以后。①

自 1999 年开始，科技部、教育部逐渐从国家层面规范大学科技园的发展，主要采取的措施就是通过国家大学科技园的试办和认定，并围绕国家大学科技园制定了诸多政策，如《国家大学科技园管理试行办法》（2000 年）、《国家大学科技园管理和认定办法》（2006 年）、《国家大学科技园"十五"发展规划纲要》（2001 年）、《国家大学科技园"十一五"发展规划纲要》（2006 年）、《国家大学科技园"十二五"发展规划纲要》（2011 年）等。

1999 年 7 月，科技部、教育部共同组织召开"大学科技园发展战略研讨会"，首次提出由科技部、教育部从国家层次上统筹规划和推进大学科技园的建设和发展，并于 12 月末联合发布《关于做好国家大学科技园建设试点工作的通知》，确定清华大学科技园等 15 个国家大学科技园建设试点单位。1999 年是从国家层面规范中国大学科技园发展的第一年。在此之后的 2000 年 1 月，科技部、教育部正式启动国家大学科技园建设试点工作，同年 11 月，科技部、教育部印发《国家大学科技园管理试行办法》，明确了国家大学科技园的认定管理程序和评估指标体系。

2001 年 5 月，科技部、教育部授予清华大学科技园等 22

---

① 此处引用的本阶段有关大学科技园所发生的大事及年份均出自科技部高新技术发展及产业化司、教育部科学技术司和科技部火炬中心委托《中国科技产业》杂志社编辑出版的 2008 年《国家大学科技园》专刊第三辑的文章《国家大学科技园大事记》。

个大学科技园"国家大学科技园"称号，这是中国第一批国家大学科技园。

此后，作为科技部、教育部规范大学科技园发展的主要手段，两部在 2001 年、2003 年、2004 年、2005 年、2006 年、2008 年进行了 6 批共 69 个国家大学科技园的认定。2009 年、2010 年、2012 年、2014 年又进行了 4 批认定。到 2014 年，共进行了 10 批 115 家国家大学科技园的认定①。国家大学科技园的发展基本诠释了中国大学科技园的发展历程，同时也代表了中国大学科技园以后的发展方向，将是高等院校资源向社会生产力转化的主要途径，通过高校资源外溢带动经济、社会发展，使产、学、研合作向更高层次发展。

2006 年，在第三届中外大学校长论坛②上，教育部部长周济指出了大学科技创新迫切需要解决的四大问题：①大学的科研力量还比较分散，科研工作缺少长期、持续发展的综合目标；②科研规划与重点项目的整合程度不高，难以实现科技资源和成果共享，低水平重复的现象还时有所见；③大学现有科技创新平台的综合性、交叉性、集成性以及国际化程度普遍较低，交叉学科、新兴学科得不到强有力的投入和支持，科学研究、学科发展缺乏核心竞争能力；④科技成果的转化率不高，是一个关注多年但还未得到有效解决的突出问题。周济同时指出，大学要真正成为国家技术创新的生力军，就要把大学综合科技优势与企业的科技需求相结合。要在促进产学研一体化的实践中发挥更加积极的主导性作用；要围绕经济建设与产业发

---

① 10 批 115 个国家大学科技园的分批次名单和分地域名单详见附录三，资料来源：科技部、教育部网站。参见：http://www.moe.gov.cn/jyb_xwfb/s5147/201709/t20170913_314364.html.

② 资料来源：科技部网站 http://www.most.gov.cn/.

展需要，紧盯企业产品开发与技术升级需求，主动参与重大的研发工程；要利用科技创新成果，建设一批有重大影响力的连接大学与企业的成果转化基地；要积极参与区域科技创新规划，承担地方科技攻关项目，充分发挥大学科技园区在区域科技创新方面的整合、带动与辐射效应。

正如周济部长所言，大学要真正成为国家技术创新的生力军，就要把大学综合科技优势与企业的科技需求相结合。作为科技创新和科技成果转换的重要平台，国家大学科技园的发展关乎大学能否在国家创新体系建设中找准自己的位置，推动创新型社会的发展和创新型国家的建设，关乎大学能否将其科技优势与经济、社会的发展紧密结合，进而推动经济、社会发展。

在中国特定的产业背景下，我国的许多企业需要大学资源的外溢，大学科技园走出园区，帮助企业解决生产中的关键技术难题将是国家大学科技园未来的重要发展途径；同时，国家大学科技园的发展需要为地方经济服务，在这方面，已经有一些大学科技园已经在尝试，并且取得了一定的效果，如中国石油大学国家大学科技园与新疆克拉玛依市的合作、北京航空航天大学国家大学科技园和华北电力大学国家大学科技园与福建泉州市的合作、复旦等大学科技园与上海市杨浦区实施的校区、园区、社区三区联动，等等。2009 年 1 月 11 日，由北京12 所国家大学科技园组成的国家大学科技园北京联盟与广西北海市签订了产学研合作协议①。可以预见，国家大学科技园将在未来中国的科技发展、经济建设方面将发挥越来越重要的

① 资料来源：科技部网站 http://www.most.gov.cn/、教育部网站 http://www.moe.edu.cn/.

作用。

科技部 2008 年的一份报告①指出，截至 2007 年年底，62 家国家大学科技园孵化和办公场地面积已达到 528 万平方米，孵化企业总数已达到 6574 家，累计毕业企业达到 1958 家，累计毕业企业的总收入达 293.6 亿元，在孵企业从业人员已达 12.9 万人，不但吸引了大批的师生到科技园创业，而且也吸引了一批留学归国创业人员，创造了一批新的就业岗位，其经济效益和社会效益都十分显著。以一些国家大学科技园为例，如岳麓山国家大学科技园拥有在孵企业 140 家，其中有 60 多项科技成果列入国家各类科技产业计划，67 家企业通过双高认证，30 多家毕业企业中，有 6 家年销售收入过亿元，4 家过 5000 万元，其中湖南山河智能机械股份有限公司已于 2006 年 12 月在深圳上市，湖南博云新材料股份有限公司已完成上市前股份制改制，于 2007 年上市；浙江省国家大学科技园在孵企业共 88 家，在孵项目 135 个，孵化企业注册资金总数为 7150 万元，2006 年 1—9 月孵化企业总产值 6.38 亿元，上缴利税 560 万元；东南大学国家大学科技园入驻单位 142 家，2005 年度实现销售收入达 10 亿元，利税达 1.2 亿元，创造就业机会 3000 余个②。

作为科技部、教育部在国家宏观层面上的大学科技园发展的指导方针，《国家大学科技园"十一五"发展规划纲要》指出，"十一五"期间国家大学科技园发展的总体目标是：统筹规划，合理布局，在积极发展的同时探索符合我国社会经济规

---

① 耿战修：《国家大学科技园的发展与面临的新挑战》，见《中国科技产业》，2008 国家大学科技园专刊。

② 此处三个科技园资料均来自《国家大学科技园》，见《中国科技产业》，2008 国家大学科技园专刊。

律的发展模式，全面提高国家大学科技园的质量和效益，使之成为提高我国自主创新能力、促进高新技术产业化、推动区域经济发展和行业技术进步的源动力。

"十一五"期间大学科技园具体目标包括如下三个方面：①新建一批国家大学科技园，使总数达80个，总孵化面积达1000万平方米，并力争使其中若干家成为有一定国际影响力的科技园区。继续鼓励有条件的省市及社会力量参与建设具有区域特色的地方大学科技园。②积极转化科技成果，使高等学校科技成果转化率有大幅度提高。孵化高新技术企业15000家左右，其中在信息、生物、新材料等有可能实现重点突破和技术跨越的产业领域，培育200家左右具有较强国际竞争力的高新技术企业和一批具有自主知识产权的高新技术及产品，申请专利达到10000件以上。③培养和引进一批高素质的科技型企业家、高层次技术人才和应用型人才，建设一支高水平、专业化的国家大学科技园管理和服务队伍，把进入国家大学科技园进行创业实践作为高等学校社会实践教育的重要组成部分。使国家大学科技园成为留学归国人员高度聚集的地方和大批大学生毕业前后实践、创业的基地。据已有的统计数据，到2010年年底，大学科技园拥有可自主支配面积814.5万平方米，已经入驻的在孵企业6617家，累计已经"毕业"企业4364家。根据统计，2010年，国家大学科技园累计转化了科技成果4606项，在孵企业申请的专利共5603项，其中发明专利有2333项。①

---

① 中国教育报2017年9月13日报道，http://paper.jyb.cn/zgjyb/html/2017-09/13/content_485388.htm? div = -1。科技部网站转载 http://www.moe.gov.cn/jyb_xwfb/s5147/201709/t20170913_314364.html.

《国家大学科技园"十二五"发展规划纲要》确了发展目标：到2015年，全国大学科技园总数达到200家，其中，国家大学科技园总数达到100家，园区可自主支配面积达到1000万平方米，在孵企业8000家，依托专业服务机构总数达到1000家，依托国家大学科技园的学生科技创业实习基地80家，完善国家级、省级和高校自办的三级大学科技园体系。

在国家层面的政策支持下，国家科技园的快速发展正强烈地影响着国家创新体系的建设，进而影响整个社会的发展。如今，国家大学科技园已经初步成为各类创新要素与创新资源汇集的创新基地；成为大学科技成果转化和科技型企业的孵化基地；成为创新创业人才的培训基地；成为产学研结合的试验基地；成为探索建设技术创新体系和知识创新体系的重要阵地。它不仅推动了大学科技成果的转化，孵化了相当数量的高新技术企业，而且反过来为大学的发展注入了新的活力。

3.2.3　产学研三维机制的例子

清华在昆山建立科技园的过程中，提出了产学研合作的三维机制模式①，所谓产学研合作，存在"点""线""面""体"这几个维度。在产业的发展过程中，单个的高科技企业是"点"；同一产业多个高科技企业组成的产业链是"线"；整合了政府、企业、大学、研究机构、中介机构等多种创新资源的公共服务平台类似于"面"；而在公共服务平台的基础上，聚合相关产业的多条产业链，集研发、中试、生产于一体的产业创新基地，则最终能够形成类似于"体"的产业集群。

从一维的"线"到二维的"面"，再到三维的"体"，上

---

① 资料来源：清华科技园材料，2008年中国高校校办产业协会年会，广州。

述三个维度之间存在递进的关系。其中，产业链条是产学研结合的初级阶段，其主要特征是企业和大学形成良好的互动机制，共同推进成果转化；公共平台是产学研结合的中级阶段，在这个阶段中，政、产、学、研、金、介等多种要素加入自主创新的进程当中，大大催化了科技成果转化的量变和质变；产业创新基地则代表了产业未来的发展方向，是产学研合作的高级模式。三个维度虽然有阶段的不同，但是没有高下和优劣之分。在特定的区域、特定的行业、特定的企业中，具体应采用何种维度进行产学研合作，则要视科技成果的成熟度和产业发展的现状而定。

"一维"：推进校企合作，打造产业链条

大学和产业之间，具备互补、互动的巨大潜力。大学能够弥补企业在智力资源、实验设备等方面的不足；同时，企业所拥有的资金实力、市场信息等也能够让大学从中受益，不断完善大学学科的建设和人才的培养。清华科技园为大学和企业搭台、铺路、架桥，为双方提供交流和合作的机会，以此推动产业的整合和升级。

典型的"一维"案例有清华大学重大科研项目之一——机械工程系超大吨位模锻压机项目，该项目由清华科技园和昆山区政府共同发起，清华机械工程系为其提供前期技术支持，企业实现销售后回馈学校，同时昆山市依托此项目建设昆山装备制造产业基地。

"二维"：围绕地方产业，搭建公共平台

在企业发展的不同阶段，任何一家创新型高科技企业都会产生一定的创新需求，如果不能一一妥善满足这些需求，企业将很难获得持续性发展。此时，要靠政府、大学、资本、技术、中介等多方资源的介入，才能帮助企业真正成为技术创新的主体。而大学科技园区的平台优势在这一过程中发挥着至关重要的作用——它能够最大限度地整合来自政府、大学、资本、中介等各方面的资源，搭建公共服务平台，促使区域创新能力的整体提升。

2006年，清华科技园昆山先进制造创新中心成立，该平台结合了昆山市制造业发达的产业现状，同时集合了清华大学先进制造学科群的科研优势，清华科技园在建设过程发挥了较好的资源整合和桥梁作用，充分体现了"二维"的思想。

"三维"：着眼未来产业，建设创新基地

在打造产业链条、搭建公共平台的基础上，清华科技园致力建设产业创新基地，将"二维"的理念扩展到"三维"，形成产业集群的创新"体"，以达到资源的优化配置，从而实现生产力的跨越式发展。

2007年，清华科技园引进"国家973计划"小核酸领域首席科学家梁子才的小干扰核酸研发、制备项目，并协助组建了苏州瑞博生物技术有限公司。随后，在昆山市政府的支持下，清华科技园昆山先进制造创新中心与瑞博公司共同组建生物技术公共服务平台。以此为基础，清华科技园提出了整合各方优势资源，建设小核酸产业创新基地的构想。这个构想就是"三维"理念的体现。

纵观国内科技园的发展历程，就内容而言，科技园的发展跨越了两个时期。第一个时期是园区的建设和发展，科技园集聚了大学、企业的资源，在科技园中孵化企业与发展新的项目，这时的科技园是科技工业园的概念，是实业的概念，是产业集群的概念，偏重于硬件的建设；第二个时期，正如清华科技园的例子，科技园运作的价值在于服务平台的建设，使得科技成果的转化变得简单化、便利化。这时的科技园是孵化器的

概念，是公共服务平台和专业服务平台的建设，偏重于软件的
建设。更加广义的科技园是全球的知识资源的利用和推广，是
全球性知识社区，是知识的创造、传播、管理与服务的概念，
偏重于内、外部资源的整合，是全球知识资源的整合机构。

第四章　大学科技园的创建

　　创建大学科技园是建立产学研交流的重要平台，也可能是一项投资庞大的工程。建设科技园，既要考虑所在地区的经济科技发展条件，又要发挥大学学科的优势。如何将科技园建成符合政府的经济科技发展战略、符合大学的学科发展规划，同时又不给学校或科技园留下投资巨大财务负担沉重的包袱，就成为科技园建设中的重大挑战。

4.1　大学科技园创建模式综述

　　国外大学科技园的创建模式多种多样，从不同角度有不同的分类。以投资主体来分，有单一投资主体和多元投资主体两大类；以学科类型来分，有单一学科型、学科集成型、多学科综合型（雷朝兹，2003）；以创办主体体来分，有五种：①一校一园式，如斯坦福研究院。②国家主办的大学科技园，如日本的筑波科学城。③企业和金融机构主办，如德国卡尔斯鲁厄技术工厂。④国家和地方联合主办的，如法国的安蒂波利斯科技城。⑤官产学合办的，如日本的关西科学城（林烨，2003）。国内科技园发展历史不长，综合目前已有研究对国外科技园的分类，笔者就园区的创办主体和投资主体分析，将国内大学科技园的主要创建模式分为独立创建模式、合作创建模式、联合创建模式三种，相应的又有"一校一园""一校多园"及"多校一园"三种主要的园区发展模式。

4.1.1 独立创建模式

独立创建模式一般都是在当地政府支持下，以一所大学为依托，由大学独立创办投资建设，依靠项目（科技、房地产、学科类项目、技术中心等）启动；在管理上由学校设立专门的机构和人员进行管理。例如：剑桥科技园充分整合大学和高新区的优势，以资产为纽带，以独立企业法人的身份，对大学高科技企业进行投资和资产经营管理，并以规范的市场运作为特征，以拥有自主知识产权的项目为核心，并以此促进科技成果的转化和经营开发①；又如哈尔滨工业大学科技园②是在哈尔滨市政府支持下由哈尔滨工业大学创办起来的，依靠房地产项目启动，第一阶段重点发展房地产业，为后来建设中试基地，进一步发展高新技术产业作资金积累。

独立创建模式的创办主体与投资主体为所依托的大学，往往对应"一校一园"的园区发展模式（少数实力雄厚的院校具备"一校多园"）。这种以大学为基础的结构削弱了院系层次的影响，鼓励了个人创新的发展，还对属于个人研究的知识产权持宽容态度。该模式下的大学科技园具备先天优势：首先，相对更密切地依托大学的科研资源，在科研成果、人员等方面具有良好的基础；其次，大学独立创建，消除了来自政府的一些不必要的行政干预，实行自主管理，涉及部门少，容易协调和管理，发展自由度较大，对中小型投资者有较大的吸引

---

① http://www.cambridge-science-park.com/.
② http://www.china-hit.com/.

力。实践证明,这一类型的大学科技园在科技成果转化、校办高新技术企业孵化及创新创业人才培养等方面取得了显著的成绩。但同时也存在一定的问题:首先,也是最关键的劣势——开放性不足。开放性不足使得科技成果在产业化过程中,缺乏类似企业的市场敏感度,容易出现相对于市场调研更注重科研的情况;其次,资金劣势。大学作为一种非营利性质的机构,相关经费在保证教学科研工作正常开展的同时,很难再有充足的资金投入科技园的建设运营中,资金的缺乏会使其在发挥相关职能方面力不从心。

面对国内独立创建模式的大学科技园普遍存在的开放性不足的问题,英国剑桥科技园①的模式提供了很好的借鉴。自创建以来,剑桥科技园一直把开放性放在最重要的位置。首先,对内开放,充分发挥各学院的优势,不仅只是工程学院对当地科学技术的发展提供了人才,而且语文学院、经济学院及商学院在管理经营和市场销售方面也扮演了重要的角色;其次,一直与产业界保持广泛的联系,包括联合培养本科生和研究生,如产业界人士到学校办讲座、授课,学生到公司实习、兼职等;教研人员为产业提供咨询服务、讲学或参加企业的专家委员会;设立产业支付薪金和提供研究资金的科研岗位,接受产业委托的科研任务;同大跨国公司或集团合作,建立研究所、实验室等科研机构。

在充分实现开放性的基础上,各种资源更容易整合,随之在资金上的问题也更容易解决。目前,剑桥科技园已经形成了以大学、新兴公司和大型跨国公司密切协作的产业网络中开展业务的极具创新特色的经济形态,并不断吸引着来自全世界的

---

① http://www.cambridgesciencepark.co.uk/about/9/history-early-years.

投资，由此创造了"剑桥现象"。众多高技术小公司广泛地分布在各个领域，这片 130 英亩（约 0.53 平方公里）的土地上集中了近 500 家高新技术企业，为 4000 多人提供了就业机会，年产值以数亿英镑计①。

4.1.2 合作创建模式

合作创建模式是指大学与地方政府或高新区共同创办，依靠项目启动，这种模式在我国大学科技园中居于主导地位。比如在 2005 年复旦大学与杨浦区政府签订的《关于进一步加强全面合作联手推进自主创新框架协议》② 中，双方就合力推进以复旦大学强势学科为支撑的科技园区发展，推动科技成果产业化和产学研一体化，促进科技企业集聚，推进杨浦产业结构提升达成一致。其中，共同推进复旦软件园建设、建立复旦金融创新园、建设新江湾城国际大学科技园、设立复旦大学留学生创业园是合作协议中的重要内容。在科技园创建过程中，复旦大学充分发挥自身强势学科优势，杨浦区政府则给予资金、政策等方面的大力支持，并与复旦共同吸引相关企业入驻。此外还积极支持复旦大学推荐的科技企业自主创新产品纳入政府采购目录，并享受综合配套政策。此外，杨浦区积极为符合条件的复旦学生创业营造更加宽松的商务环境，提供天使基金、财政扶持、担保和奖励等政策支持。科技园建设进展顺利，复旦软件园新基地、金融创新园同时期建成并投入使用。又如上海大学科技园③是在上海市政府支持下，由原上海工业大学和

① 中英剑桥科技创业园，http://www.cuc-park.com/ShowInfo.aspx? ID=45.
② http://cy.fudan.edu.cn/index.jsp.
③ 上海大学科技园网站，http://www.sustp.shu.edu.cn/index.asp.

上海市科技创业中心联合创办的大学科技园，依靠科技项目启动并逐渐发展起来。合作创建模式在国外大学科技园中也有例可循。例如：阿斯顿大学科技园①在英国伯明翰市内，创建于1983年。由阿斯顿大学（Aston University），Lloyds TSB Bank和伯明翰市议会（Birmingham City Council）共同投资兴建②，政府提供房地产，建设各种基础设施，大学提供人才与科技成果，出租实验室，同时获取了银行提供的风险投资。

合作创建模式的大学科技园多数仍是"一校一园"的发展模式（少数实力雄厚的院校具备"一校多园"），该模式的科技园创建过程中，通过与地方政府的合作，可获得地方政府在资金、政策等方面的支持，从而在一定程度上克服独立创建模式中的一些不足，但由于这类大学科技园的合作主体为政府与大学，由政府与大学共同投资创建，政府、大学、科技园之间的责、权、利等关系往往难以协调，也增加了管理协调的难度。

面对合作创建模式中大学科技园普遍存在的管理协调难的问题，英国阿斯顿大学科技园③的管理模式提供了很好的借鉴。在创建大学科技园之后，合作三方同时合作创办了伯明翰技术有限公司（Birmingham Technology Limited），全权负责园区管理和运营，采用董事会经理负责的企业管理制度，把大学科技园看作是一个独立经营管理的公司。董事会由政府、企业、大学三方组成，对科技园重大事务承担决策责任，一般不干预园区的具体业务。公司经营管理层则具体执行董事会的决

---

① http://www.astonsciencepark.co.uk/.

② 第一财经日报，2007年3月15日，http://www.china-cbn.com/s/n/015/20070315/000000059423.shtml.

③ http://www.astonsciencepark.co.uk/about-us.html.

议、日常工作，由专职经理和聘用的职员构成，采用经理负责制，依董事会决策，提供市场、技术咨询、房屋出租等综合性服务。

4.1.3 联合创建模式

联合创建模式，就是由多所大学根据自己的资源优势联合创建的大学科技园。例如：创建于 1959 年的北卡罗来纳三角研究园，位于北卡州杜勒姆市东南的 pineland，占地 7000 英亩（约合 28.35 平方千米）①，因地处杜克大学、北卡州立大学和北卡大学之间的三角地带中央，故取名三角研究园。由这三所大学联合创建的三角研究园，通过把新技术产品开发与高校科研紧密结合，大学根据市场的实际需求进行科研攻关，科研成果迅速移交给专门的研发机构进行开发，开发出的新技术能很快移植到企业转变成高科技产品。目前，我国以联合创建模式建立的国家大学科技园中有合肥大学科技园、武汉东湖大学科技园、岳麓山大学科技园、四川省大学科技园、云南省大学科技园等。这种模式具体又可以分两种情况，一种情况是以多所大学为依托分别设有分园的大学科技园。例如，东湖高新区大学科技园地处武汉东湖高新区开发区内，规划面积约为 200 公顷，由华中科技大学科技园、武汉大学科技园、华中农业大学科技园、中国地质大学科技园、武汉理工大学科技园等组成（削冰，2003）。又如云南大学科技园位于昆明高新技术开发区，云南大学、昆明理工大学、云南师范大学、云南农业大学、昆明医学院等设立分部。这样，既有效地发挥大学教学、

---

① 长城战略咨询：国外开发区管理及运营机制，http://www.sina.net，2006年3月31日.

科研优势，又充分地体现出高新技术开发区体制、机制政策和社会服务功能，从而实现大学、科研机构与企业的有机结合；另一种情况则是以多所大学为依托不设分园的大学科技园，例如南京大学与南京市鼓楼区的河海大学、中国医药大学、南京师范大学、南京工业大学、南京邮电学院、南京医科大学、南京中医药大学、南京工程学院 8 所大学共建南京大学——鼓楼国家级大学科技园①。

联合创建模式的大学科技园为"多校一园"模式，该模式可以充分依托多所大学在科研、人才及信息等方面的优势，通过发挥群体优势，克服"一校一园"模式存在的开放性和创新资源的不足，实现优势互补。但这种模式可能牵涉到各所大学之间的利益，存在管理协调上的难度。

面对联合创建模式下各大学间利益难以协调的问题，北卡罗来纳三角研究园的模式提供了很好的借鉴。三角研究院由非盈利性机构——三角研究基金会负责其开发、招商与管理等工作，基金会则由政府、学校、企业等各方代表组成理事会。基金会在负责园区相关工作时的职能定位很清晰，在承担园区最基本的建设规划任务包括出租土地、管理和指导园区建设、确定机构的设置标准、制定科技园发展的方针政策，在管理协调方面更是起到了重要的作用，由政府、学校、企业等各方代表组成的 11 人理事会，能充分协调各方利益，并且在协调过程中不干涉园区内各单位的内部事务。目前，三角研究园已有超过 170 家研发机构或公司入驻，区内设有生物技术中心、育成中心、研发中心及服务中心，就业人数超过 4.2 万人，成为美国博士人口密度最高的地区，其平均工资也高过当地 45%，

① http://www.njgl.gov.cn/art/2009/3/2/art_11131_128360.html.

带动了区域经济的繁荣①。

综上所述，世界大学科技园的创建模式多种多样，各种创建模式各有优劣（见表4-1），不能就此判断哪一种模式是最优的。此外，不同的创建模式，国内外一些著名的大学科技园都提供了一些成功的借鉴经验。但各所大学情况不同，基础条件差异较大，创建模式选择上应有所区别，关键是要从实际需要出发，充分考虑大学在科研、人才、政策等方面的资源及总体的区域产业环境，尽量做到能充分利用现有的资源，这样才能做到充分整合资源，最大限度地发挥大学科技园在科技成果转化、高新技术企业孵化、创新创业人才培养等方面的功能。

表4-1 创建（园区）模式优劣势比较

创建模式	园区模式	优　势	劣　势	借　鉴
独立创建	"一校一园" "一校多园"	密切依托本校科研资源、管理协调	开放性、资金	剑桥科技园
合作创建	"一校一园" "一校多园"	资金、政策	管理	阿斯顿科技园
联合创建	"多校一园"	综合科研资源	管理协调	北卡罗来纳三角研究园

① http://www.rtp.org/main/index.php? pid=151&sec=1.

4.2 中山大学国家大学科技园创建历程

4.2.1 中山大学科技园的创建

中山大学科技园是依托中山大学①的科技、人才等资源优势和学科特点，面向社会，开放办园，以产权为纽带，以市场为导向，以技术创新为中心，把学校的人才、技术优势与社会资源结合起来，实现校企之间的紧密合作，使中山大学国家大学科技园成为具有持续创新能力，集高新技术的研究开发、高新技术企业的孵化、创新人才的吸纳与培育于一体的大学科技园，科技园一直致力于为促进中山大学科技和教学整体水平的提高和广东的经济建设服务。

相比于其他院校，中山大学科技园工作起步较晚。回顾中山大学科技园的发展，中山大学科技园从创立，到2009年基本成型。从创立到成型阶段，中山大学科技园的发展大致可分为两个时期：

第一阶段 初创时期

1998年2月，中山大学就和海珠区政府签订了共建海珠科技产业园的协议书，计划在黄浦村征地160亩，纳入广州高新技术产业开发区管理体制，并享受国家和地方给予的优惠政策。后来，由于多种原因该计划未能实施。2000年年初，学校开始着手进行成立大学科技园的前期调研工作，专门出资立

① 学校共有四个校区，总面积达6.17平方公里，分别坐落在珠江之畔、南海之滨。广州南校区（广州海珠区）占地1.17平方公里，北校区（广州越秀区）占地0.39平方公里，广州东校区（广州番禺区大学城）占地1.13平方公里，珠海校区（珠海市）占地3.48平方公里。http://www.sysu.edu.cn/2003/xxgk/xxgk.htm。

项，由学校广东发展研究院调查撰写了《中山大学科技园发展规划纲要》。2001 年 6 月，学校领导多方联系，与广东省、广州市、海珠区政府沟通，争取各界对科技园建设的广泛支持，并多次召开会议讨论科技园建设工作，成立科技园建设的工作班子，校长直接抓科技园建设工作。2001 年，广州地铁二号线动工，一旦地铁建好，沿线建筑物的建设尤其地铁出口位置建设将会受到地铁安全等问题的限制。所以，临近地铁出口建筑的建设提到日程上，为不使将来的大楼建筑受限，借此契机，2001 年 6 月学校开始了和海珠区政府的合作谈判。2001 年 11 月在学校与海珠区政府的主导下，中山大学综合服务公司和海珠区科技产业基地办签定合作共建科技综合楼的协议，随后，科技园一期工程破土动工，与地铁出口位置建设同步进行，并邀请了与地铁建设设计同一家建筑设计所设计，保证了一期工程和地铁出口的顺利衔接。

2003 年 2 月，中山大学与海珠区政府签定共建中山大学—海珠科技园的合作协议，按一园三区的设想建设。2003 年 3 月，经过广东省科技厅和教育厅专家评审，中山大学科技园被认定为广东省大学科技园。2003 年 6 月，学校颁发《关于加快建设中山大学科技园的若干意见（试行）的通知》，2003 年 7 月学校印发了《中山大学关于促进科技成果转化的若干意见》，在学校内部给了科技园若干优惠政策，在员工身份、利润返还、创业岗位设置、科技成果转化给予有利于科技园发展的政策，鼓励科技园和科技成果转化的做大做强。2003 年 8 月，产业集团和海珠区产业基地办合作成立了中山大学科技园管理公司，负责科技园的日常管理工作。

2004 年 11 月，科技园主孵化园区一期落成开园，中山大学科技园初步成型。将南校区校办工厂大院改造为中试基地，这样科技园主园区加上其他配套设施，科技园初步具备三个功能区：孵化园区、中试基地和研发平台。

2006 年 10 月，学校进一步完善科技园管理制度，加强了和广州市的合作，共同组建了科技园领导小组，被科技部、教育部认定为国家大学科技园。

第二阶段　发展时期

2007 年，为适应多园区的发展需要，中大控股独资成立了中山大学科技园有限公司，统筹广东省内中山大学所有的科技园的建设和发展。

2007 年下半年开始，学校加大了中山大学科技园区的建设步伐。10 月学校和市政府及番禺区政府签署了三方建设数字家庭与数字电视产业发展项目的合作框架协议书；11 月 16 日，番禺区大学城数字家庭和数字电视产学研孵化基地正式揭幕，由中山大学、番禺区政府和广东省数字家庭公共服务技术支持中心联合共建的专业孵化园区开始投入运行。

2007 年，与梅州市合作建设了中山大学国家大学科技园梅州中试基地——中山大学南药基地，主要发展中草药的种植、药物有效成分提取分离、中草药制剂研发等技术领域。

2008 年 1 月，中山大学与越秀区政府合作，签署了关于合作建设中山大学国家大学科技园越秀园区的协议，并将该园区纳入广州高新技术产业开发区黄花岗科技园，成为黄花岗科技园健康产业园（中山大学园区）。同年 5 月，越秀园区正式开园运营。

与广州市萝岗区合作，2008 年年底建设完成了中山大学国家大学科技园萝岗园区——中山大学中山医学院医科科技成果转化与产业化基地，基地建筑 1 万平方米大楼已投入使用，该园区以中药新药、医疗器械、护肤卫生系列用品、PCR 系列诊断试剂盒的研制和开发为主，为促进中山大学医科科技开发工作发挥作用。

中山大学通过与珠海市政府、珠海高新技术开发区的合作，实现互补共赢，于 2008 年 11 月，中山大学国家大学科技园珠海园区的伍舜德学术交流中心开始运营。同时，设于中心内的大学生创业园也将于 2009 年 5 月正式开园。园区着力发展以教学研发、产学研转化为主要领域的"科技创新园"和以大学生创业为核心内容的"创业服务园"。

2009 年扩大和新建的园区还包括：中山大学国家大学科技园主孵化园区二期工程，建设 4 万多平方米的大楼，2009 年 4 月动工；中山大学科技文化交流中心（后改为学人馆），建筑面积近 5 万平方米，于 2009 年上半年动工；2008 年 5 月与深圳的企业合作，共同组建了中大产学研孵化基地有限公司，公司注册资本 3000 万元，其中中大控股占有 35% 的股权，公司全面承担"中山大学深圳产学研孵化基地"的开发、建设、经营与管理工作。在深圳建设孵化大楼，建筑面积 2.6 万平方米，成为中山大学科技园深圳园区的基地。在增城利用原有的土地条件，计划建设农业绿色产品的中试基地。

经过十几年的发展，至 2009 年，中山大学科技园已初具规模，基本成型，为下一步发展打下了良好的基础。

4.2.2 中山大学科技园建设发展状况

到 2008 年年底，中山大学科技园已规划好 6 个园区（海珠园区、珠海园区、越秀园区、大学城园区、萝岗园区、深圳园区），3 个中试基地（海珠中试基地、梅州中试基地、增城中试基地）的建设。其中，海珠园区、珠海园区、大学城园区在建设完善中，深圳园区、增城中试基地在规划建设中。

中山大学科技园除了园区的建设外，还代表中山大学持有学科性公司的股份，在中山大学 4 个校区的园区内，分别建设大学生创业园。和风险投资公司的合作建设天使基金的工作也在进行中。

科技园的建设在 2001 年启动，2006 年一期主体孵化园区有 2 万平方米，2008 年总孵化面积及配套设施 4 万平方米，中试基地 4 万亩；计划在 3 年后，即 2011 年年初，6 个园区的孵化基地和配套设施共将达到 20 万平方米，形成在珠江三角洲主要城市（广州、深圳、珠海）和 4 个校区都有科技园的格局。这样，到 2011 年，入园企业可近 500 家，入园和相关企业实现年度经营收入 300 亿元，并逐步覆盖全省，以增强中山大学产业集团和科技园在广东中心经济城市的辐射力和影响力，同时不断向周边省区辐射。

表4-2　2008 年中山大学科技园建设（已建、在建）情况概览

科技园	状态	简介
中山大学科技园一期	已建	大孵化面积 2 万多平方米，入园企业近百家，由中山大学与海珠区政府共建
中山大学科技园二期	在建	孵化面积达 38500 平方米
科技文化交流中心	在建	科技园配套设施，建筑面积近 5 万平方米
越秀园区（健康产业园）	已建	约 2000 平方米，中山大学国家大学科技园越秀分园不仅是黄花岗科技园中山大学园区，同时也是国家高新区黄花岗科技园健康产业园区
珠海园区	已建	按照"一区二园"的设想规划，着力发展现代服务业和健康产业；已有 1 万平方米的配套设施，筹建 2 万平方米的科技创新大厦

续表 4 – 2

科技园	状态	简　　介
梅州循环经济科技园中试基地	已建	占地4万亩，以红豆杉等种植为主，是中草药培育和提炼的中试基地
数字家庭产业园	在建	位于广州大学城内，占地面积约100亩，将以数字家庭产业为园区主题，由中大与番禺区政府共建。首期36亩地已动工，计划建设5万多平方米
深圳产学研孵化基地	在建	规划建筑面积2万平方米，以数字化产业为核心的产学研孵化基地，获得深圳市政府的大力支持，以我为主，与企业合作共建
科学城园区（萝岗）	已建	下属控股企业运作为主，孵化面积1万平方米
增城绿色产品中试基地	规划	100亩地规划为新农业绿色产品开发基地

上表中部分已建、在建、规划的科技园园区后来因为体制、产权等因素有所变化，但是广州校区主园区、深圳产学研孵化基地等基本成型，成为中山大学科技园的中坚力量。

2016年，中山大学和海珠区政府合作共建中大国际创新谷，该创新谷的建设和发展也将为产学研合作、促进科技成果转化等提供了一个更为广阔的舞台。

4.2.3　中山大学科技园创建的特点

回顾中山大学科技园的创建过程，到2009年，中山大学科技园一直致力于科技成果转化、高新技术企业孵化和创业创新人才培育工作，不断探索和完善自主创新服务体系，形成了具有持续创新能力和国际竞争能力的产学研结合体，已发展成为构建国家创新体系的重要基地和推进企业自主创新的有效平台。

为了充分发挥大学的综合优势，更好地整合资源，中山大学科技园按照"一园多区"的模式，积极进行园区拓展，先后与省内多个市、区签订了全面合作协议，在全省各地建立分园，开辟辐射园区，构筑战略合作网络，共同促进高新技术产业发展。总结中山大学科技园的创建经验及特点，主要在三个方面：①在创建模式上，中山大学科技园充分依据科研、人才、政策等方面的资源及科技园选址情况，多种创建模式并举。②并且在实施合作创建模式时，依据资源配置状况，合作创建主体选择多元化。③在园区发展模式上，依据区域产业环境、学科优势及市场需求，初步形成了由多个主题园区构成的"一园多区"的园区发展模式。

首先，多种创建模式相结合。

中山大学科技园在创建模式选择过程中充分依据学校在科研、人才、资金、政策等方面的资源及科技园选址情况而定。对于具有雄厚科研实力、人才优势、政策条件，并具有充足的投资资金保证，同时又在区域内具有较好产业发展环境的科技园项目，在综合考虑之后，可以选择的独立创建模式，例如，中大越秀园区（健康产业园）、梅州循环经济科技园（中草药）都充分依托中山大学在医药方面的科研实力、人才优势，并在具备充足的投资资金保证的情况下，中大选择独立创建。而对于投资资金需求很大，中大无力单独创建的科技园项目（例如中山大学科技园一期工程），或加上选址、政策及希望获得政府支持等因素的考虑（例如珠海园区、番禺区数字家庭产业园），则积极寻求合作，选择合作创建模式，通过与当地政府共同创办，以获得资金、政策等方面的支持。

其次，合作创建模式中投资主体多元化。

目前，合作创建模式在我国大学科技园中居于主导地位，合作主体一般都是大学与地方政府或高新区两方主体共同创办。中大也不例外，在科技园创建模式选择中更倾向于合作创建模式，通过综合利用自身资金、政府投入及通过立项获得的政策性项目资金来解决建设资金投入问题。例如：中山大学科技园一期工程、数字家庭产业园分别通过与海珠区政府、番禺区政府合作创建。

科技园要发展，资本、技术、市场、政策等多方条件是必不可少的，只有通过充分整合学校、政府、企业的资源，才能满足多方面的条件，才能实现科技园功能发挥的最大化。目前国内合作创建模式下的投资主体一般仅为学校与政府，而中大在该模式下的投资主体选择则充分体现了资源整合的原则，通过积极创新，大胆尝试，将企业也纳入投资主体中，以达到充分整合学校、政府、企业的资源的目的。例如：在深圳产学研孵化基地建设中，在获得深圳市政府大力支持的基础上，大胆与企业合作，以大学为主，共建科技园，真正做到了学校、政府、企业资源的整合。

4.3 创建思路总结

国内学者总结韩国大德科技园的经验，有创造良好的环境吸引人才、良好的规划和建立良好的机制运作（李华君，2006）。对英国剑桥科技园的经验总结为，有吸引力的地方环境、完善的市场体系、高质量的人才保证、政府的优惠政策和剑桥精神（马兰，2004）。

中山大学科技园明显地带有中国国情特色的特点，特别是2007年以来，科技园从海珠区一个园区2万平方米的孵化大楼变为6个园区，跨越海珠、越秀、大学城、珠海4个校区科学城和深圳的发展规划，两年的发展进程可圈可点，其建设经验也对国内科技园的建设不无裨益。

中山大学科技园的建设既有客观因素，如依托于校区的4个科技园园区的建设，又有历史因素和地理因素的影响，如广州科学城园区的建设和深圳园区的建设。就园区建设而言，其思路可总结为下面几点：

首先，明确主题园区定位。

随着目前综合实力较强的各大学科技园纷纷建立分园，在经历了"一校一园"的园区发展模式之后，"一校多园"的园区模式正成为目前的发展趋势。值得关注的是，在"一校多园"的园区模式建设中，对于不具备创办科技园分园的大学，可将项目进入其他大学科技园或高新区进行孵化，不能以赶时髦的态度耗费人力物力去办分园，而应该综合考虑自身实力和外部环境，在具备了相关条件的时候，应注重主题功能定位及相关的规划。大学科技园的准确定位，关系到大学科技园的生存和发展，如果发展思路不清晰，定位不明了，容易导致产品严重脱离市场需求，最终导致耗费大量人力、物力，直接影响园内企业的生存、发展。

中山大学科技园在各分园建设中，主题园区定位明确，顺应市场、区域产业环境，初步形成了由多个主题园区构成的"一校多园"的园区发展模式。例如：越秀园区依据中山大学在医药领域的学科优势，规划了以健康产业为主题的产业园区；又如珠海园区充分发挥珠海市得天独厚的区域优势和中山大学的雄厚学科优势及品牌效应，按照"一区二园"的设想规划，着力发展以现代服务业和健康产业为主题的新型绿色科技园区；此外，番禺数字家庭产业园、深圳产学研孵化基地也规划了以数字家庭产业为主题的产业园区。

其次，注重依托优势学科科研资源。

大学科技园以大学科研资源为依托，其优势体现于高校能够为园区源源不断地输送高层次人才和高科技成果，因此以大学最有实力、最有特色的学科专业科研优势为基础，携专业、人力资本优势，重点倾斜，突出特色产业是大学科技园创建的重要依据。相应地，大学科技园内企业发展的好坏与所依托大学的科研优势有着密切的关系。然而，我国部分大学科技园与依托高校并没有形成很好的融合，特别是当园区中的企业多数来自社会，其核心技术与高校没有非常直接的关系时，科技园与高校若长时间不能形成相互依赖的有机融合，大学科技园就会失去其应有的优势。

中山大学科技园在创建过程中，园区主题定位于优势学科科研资源，并且特别注重入园企业与技术成果的有机融合，例如：以健康产业为主题的越秀及珠海园区，以数字家庭产业为主题的番禺数字家庭产业园、深圳产学研孵化基地均依据中山大学在该领域雄厚的学科优势及品牌效应创建。

最后，注重园区外部资源的合作。

园区快速扩张，依靠自身的资源无论从财力还是其他方面的资源是远远不够的。如何利用外部资源及利用效果好坏就成为科技园建设成功与否的关键因素。

中山大学科技园以多种创建模式相结合，并且注重投资主体的多元化，同时，极其注重开放性，开放性可以充分整合各种资源，能使科技成果在产业化过程中，更具有市场。首先，在注重学校内部科技成果转化时，不仅仅只局限于大学或科研机构，也吸收外来科技单位、企业、私人等的科技成果的孵化，注重吸收社会资源的共同参与，并优化投资环境，多种优势综合利用，协调发展；其次，综合利用与大学科技园相联系的知识优势、科技资源、人力资源、产业优势。例如：深圳产学研孵化基地创建就基于深圳市在电子信息产业坚实的工业基础和科技基础优势、密集的智力优势和产业环境。

创建科技园不是一个简单的工作，涉及政府关系、政策、土地、投资、当地邻近的科技人文环境，建设一个园区往往程序多、周期长、投资大，不仅投资方案要合理，在人才方面也有很高的要求，如果选择不当，会有很大的经营风险。一般说来，中山大学科技园在建设中考虑的重要因素有：建设环境、投资资金、土地、政府政策和支持、人才。在建设环境方面，要选择大学或科研机构附近，可利用大学的研发资源，就近大学的可建设科技园，远离大学或科研机构的，土地条件等环境较好的，可建设中试基地。在投资资金方面，大学的产业一般不会做大项的长线投资，对于地段较好，资金充沛，学校有能力支持的，可自己投资；对于投资额较大，本身能力有限的，可以引进合作单位，可能是政府，也可能是企业，共同建设。充分利用社会资源。在土地方面，对于在校区内的园区建设，一般以自建为主，即使对外合作也要慎重，不能引"狼"入室，要合作投资，要谈好条件，讲好期限，明确双方的责权利。在政府支持方面，科技园的建设都能提升地方的科技运用水平，促进产业的升级，增加地方的财政收入，创造就业。所以，政府往往积极支持科技园的发展，将科技园的发展纳入地方发展规划中，并给予政策的支持。因此，在科技的建设中，科技园公司应该也可以争取地方政府的支持。在人才方面，科技园公司创立初期，人力资源匮乏，建设项目多，不可能事事亲力亲为，如果等什么都全了再做，可能会丧失良机，学会和社会企业合作，吸收互补资源，达到双赢，可大大加快科技园的建设。

综上所述，中山大学科技园创建模式实际上是择优而从的资源整合模式，调动重要的要素资源是顺利建设和发展的关键。中山大学科技园的建设或依靠学校强势科技、人才资源，或依靠政府资金、政策资源，或依靠企业资金、市场资源，地点要么在校区，要么在地方政府的高新区；同时在多元化与开放性思路的引导下，定位明确、措施得当，发展迅猛。中山大学科技园的建设和产业布局的要素禀赋说是一致的，也吻合政府的产业政策。特别需说明的是，和中国大多数大学科技园的建设相似，中山大学科技园的形成过程中经济区位或产业聚集的效应并不明显，而是依托于大学科技资源的结果，或者更准确地说，是优势资源整合的结果。当然，由于其建设时间短，其发展效应还未明确。但是，就理论上说，科技园整合官、产、学、研、金、介、贸。只有通过产业集聚，发挥集群效应，才能使企业依托优势学科，发挥科技园的综合效应。可以估计，在将来，其发展会受到区位经济发展的影响。

第五章 中山大学国家大学科技园的状况和问题

5.1 到 2009 年为止的总体状况

在大学的管理和合作范围内，到 2009 年，中山大学科技园在建和已建的有 6 个园区（海珠园区、珠海园区、越秀园区、大学城园区、萝岗园区、深圳园区）3 个中试基地（海珠中试基地、梅州中试基地、增城中试基地），其中，海珠园区、越秀园区、大学城园区已在科技园管理公司和中大控股企业管理下正常运作。海珠园区是中山大学科技园的主孵化园区，也是科技部和教育部认定的国家大学科技园所在地。科技园区情况如图 5－1：

中山大学科技园有限公司是中大控股的全资子公司，也是中山大学科技园区管理和发展的母公司。中山大学科技园有限公司全资或控股、参股，以及由中大控股有限公司委托管理的公司有：中山大学科技园管理有限公司、伍舜德国际学术交流中心（珠海）、深圳市中大产学研孵化基地有限公司、广东星海数字家庭产业技术研究院有限公司、中大环保科技投资有限公司、中大粤科风险投资有限公司，等等。

除了 2003 年成立的中山大学科技园管理公司外，其他大多数公司为 2006 年以来成立的新公司。广州中山大学科技园

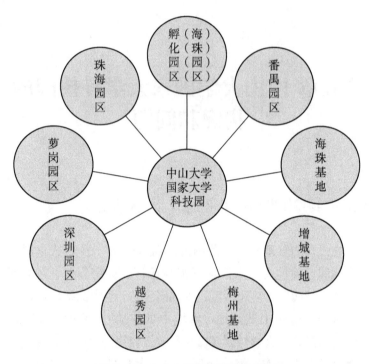

图5-1 中山大学科技园总体情况

有限公司于2007年成立，作为管理型公司及其他园区的控股机构，负责协调各园区的工作；广州中山大学科技园管理有限公司重点负责发展海珠区科技园工作。

中山大学科技园公司代表大学收回了伍舜德国际学术交流中心运营管理权，并与学校后勤集团合作经营管理宾馆部分，同时启动珠海园区大学生创业园的建设工作，自此，交流中心正式纳入科技园珠海园区的管理体系。

2008年5月，深圳市中大产学研孵化基地有限公司成立，公司注册资本3000万元，其中中大控股占有35%的股权，公司全面承担"中山大学深圳产学研孵化基地"的开发、建设、经营与管理工作。

2008年7月,中大控股公司与广州市番禺区信息中心、广东中大讯通信息有限公司联合成立注册资本为5000万的广东星海数字家庭产业技术研究院有限公司,作为广州大学城数字家庭与数字电视产学研孵化基地的开发建设与运营实体。

除了园区建设外,2008年,科技园和岭南学院合作,协助MBA的商业计划比赛,推进研究生的创业工作;和学校团委合作,开始了"赢在中大"大学生创业比赛,加强了创新人才的培养。在中大控股有限公司新的管理体制下,小型的学科型公司也委托给科技公司管理。所谓学科型公司,指的是紧密依托学院学科资源,和教师科研成果转化紧密相关的科技性企业。2009年4月,中山大学科技园公司和广东省粤科风险投资集团有限公司合作,签订了共同投资2000万建立中大粤科风险投资有限公司的合作意向书,选择项目、扶持和支持科技型企业的孵化成为科技园公司的重要业务内容。目前,科技的主要业务内容包括园区和中试基地的建设和管理,大学生创业的支持,创业教育和职业培训,学科型公司的管理,风险投资等多方面内容,科技园公司的业务架构基本完善。科技园的业务管理框架组织如图5-2。

科技园公司的子公司管理组织如图5-3。

5.2 主孵化园区发展情况

2003年成立的中山大学科技园管理有限公司由中大和海珠区共同合作投资,是中山大学科技园有限公司的控股子公司,负责中山大学南校区的科技园管理工作。中山大学南校区的科技园是中山大学科技园的主孵化园区,建设时间相对较

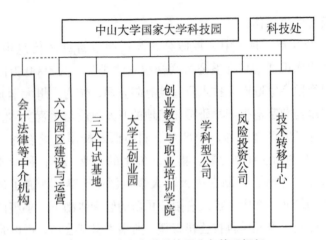

图5-2 中山大学科技园业务管理框架

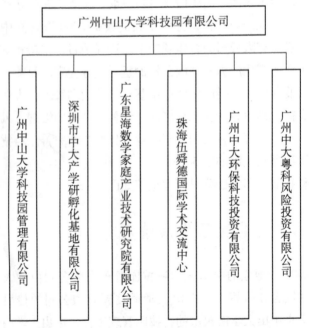

图5-3 中山大学科技园的子公司管理组织图

长，有较完善的管理体系，到 2009 年，对外代表学校管理大学科技园。公司下设 5 个部门，即办公室、综合管理部、财务部、拓展部、服务部，业务管理部门为管理部、拓展部、服务部，其部门的主要职责为：

第一，管理部的职责：

（1）负责科技园企业入园和退园的有关工作，以及在园企业的档案管理和企业退园后的档案移交工作。

（2）负责大楼场地的招商选企、合同签定、合同备案等工作。

（3）负责大楼的综合管理工作，做好与物业管理公司和入园企业签定《管理公约》《安全生产责任书》，并为园区企业配置消防器材。

（4）对物业管理公司负责的园区保安、保洁、水电维护、设备管理、消防安全、单元内部装修、大楼土建工程的维修和维护以及广场、地下车库车辆停放和园区的绿化、整体环境管理等有关物业管理方面的工作，进行协调、指导和监督。

（5）做好入园企业电话、网络报装和报停的服务管理工作。

（6）审核科技楼水电费的计算、分摊，协助公司财务部督促园区内企业交纳租金、管理费、水电费等工作。

（7）负责协助海珠科技产业基地办公室做好大学生创业中心合同备案前的签约工作。

第二，拓展部的职责：

（1）整合、利用学校及社会的有关资源，开展人才培训工作。

（2）根据科技园的发展主题，组织开展各个领域的论坛、沙龙等活动。

（3）负责开展大学生创业的相关工作。

（4）负责公司层面的各项申报工作。协助入园企业进行科技计划项目、科技成果和专利等申报；高新技术企业、双软企业认定；项目和产品的验收、鉴定、认证等工作。

（5）负责公司的培训设施管理和课室出租业务。

（6）协助做好园区内企业融资的服务工作。

（7）积极做好科技成果转化工作，促进成果转化。

（8）组织园区企业参加园外相关活动。

第三，服务部的职责：

（1）协调、利用中山大学的图书馆、实验室、测试中心、附属学校及部分院系的实验中心以及就业指导、勤工助学等有关资源，为园区内企业服务。

（2）协调、利用政府的工商、税务、人力资源、劳动保障等各方面资源，为入园企业服务。

（3）积极协助中山大学及有关学校师生在科技园创业和实践活动。

（4）全面负责统计工作，准确、及时、全面地完成上级布置的各项统计任务，并做好园区企业各项统计业务的管理和指导。

（5）组织园区各项文体活动。

从科技园管理公司部门职责中看出，科技园的主要工作集中在物业管理、培训、服务和内部管理上，有关科技服务的工作有待强化。

截至 2008 年 12 月 31 日，主孵化园区园区共有企业 105 家（含大学生创业企业），其中科技型企业 78 家，服务培训型企业 27 家。园区企业注册资金共计近 3 亿元；年技工贸总收入超过 3 亿元，累计技工贸总收入近 12 亿元；年上缴税金达 1500 万元，累计上缴税金近 6000 万元；年高新技术产品收入超过 5000 万元；年研发经费投入近 5000 万元；园区企业从业人员总数超过 1200 人。

几年来，科技园管理公司在争取政府支持，培养人才和推进企业方面做了不少工作。具体而言，在科技投入及企业孵化方面，承担了科技项目，获得一定的科技经费，园区企业历年（2005—2008 年）获海珠区科技项目经费及奖励资金 545 万元。在人才培养与企业孵化方面，几年来，通过 IT 论坛、IT 成果推介会、创业生存发展系列讲座、投融资洽谈会、区科技园知识产权、医疗器械成果推介会、项目对接会、园区企业信息平台培训、新企业所得税法及实施条例解析等活动的展开，对入园企业进行各方面的人才培训、投融资中介等服务，为企业发展创造一个良好的氛围。

自 2004 年开始，在园企业和累计毕业企业逐年增长，规模也逐步增大。孵化规模情况如图 5 - 4：

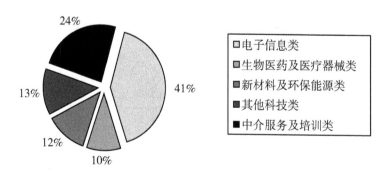

图 5 - 4 主体园区在园企业孵化情况

主孵化园区的技工贸收入逐年稳步增长，园区进入相对平稳发展时期（见图 5 - 5）。

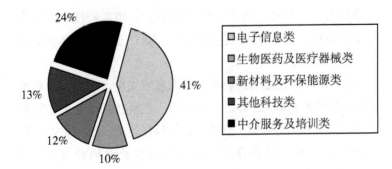

图5-5 主孵化园区企业增长图

主孵化园区企业以电子信息、生物医药和医疗器械、能源环保行业为主，共占77%，行业分布相对集中，这和中山大学南校区学科特点不无关系。

主孵化园区企业分类情况见图5-6。

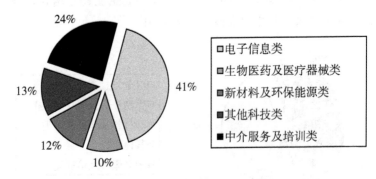

图5-6 主孵化园区企业分类

几年来，主孵化园区已形成相对完整的孵化服务功能体系，为科技园在园企业提供全方位的服务，在人才培训、成果推介、项目申报、中介服务方面形成了较完整的服务体系（见图5-7）。

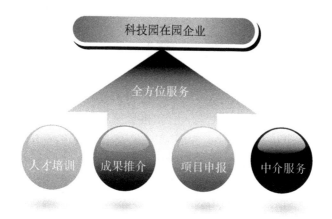

图5-7 科技园服务体系图

随着创业培训和服务功能的逐步完善，根据创业的不同阶段提供相应的创业服务。从创业早期到创业企业的成立，依次提供创业教育与培训，开展创业比赛和实践指导，对优秀项目进行奖励，在创业企业设立时提供创业资金的支持，在成立后对企业的服务等，已形成了较为完整的中山大学科技园大学生创业服务链（见图5-8），作为团中央认定的广东省首家中国大学生创业园，中山大学科技园已在大学生创业方面取得较为显著的成效。

依托广州市高新技术创业服务中心的"中国大学生创业园"，中山大学科技园与海珠区科技产业基地合作共建的广东省首家"中国大学生创业园海珠园区"和"广东大学生创业孵化（海珠）基地"于2006年12月落户中山大学科技园主孵化园区。自2009年2月以来，为进一步整合资源、更好地推动大学生创业工作的开展，科技园接受委托全面负责大学生创业园的管理和服务。该大学生创业园累计引进创业项目21个，现在孵项目16个，共获得2项国家发明专利、2项实用

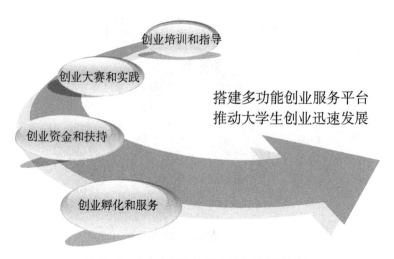

图5-8 中山大学科技园大学生创业服务链

专利；1家创业企业被认定为"广州市民营科技企业"；1家创业企业发展后在番禺区扩建了3000平方米中试基地；2家企业从创业园毕业后进入科技园继续发展。大学生创业园成立至今，共引进创业企业54家，现在在孵创业企业34家。在大学生创业过程中，除了政府的支持外，科技园为大学生创业提供了一定的优惠条件，具体为：

（1）免费提供$20m^2 \sim 40m^2$的办公场地和基本办公设施。

（2）免费提供会议洽谈区、有限度文印传真服务。

（3）提供通讯网络、证照办理、财务咨询、创业培训、投融资、项目对接及项目申报等服务。

总之，中山大学科技园经过几年的发展，已初具规模，在珠江三角洲主要城市布局已基本完成，科技园初步具备孵化功能，在企业孵化、成果转化、创新与创业人才的培养和创业的支持方面已初具成效。

5.3 2009 年科技园发展规划

中山大学科技园几个园区的建设与完善既是学校本身产学研平台建设的需要，又和广东省经济发展密切相关。依托于中山大学东校区的科技园大学城园区、依托于珠海校区的科技园珠海园区、依托于南校区的科技园主孵化园区无疑是发展的重点。无论从建设面积、投资规模和产学研结合等都将占据重要地位。发展才是硬道理，在现有基础上如何再进一步跨越发展，再上一层楼就成为下步工作的重要挑战。为此，理顺这三个园区的发展思路，将是非常重要和迫切的。

5.3.1 大学城园区的发展

大学城园区发展时间不长，2007 年 10 月，中山大学与广州市政府（广州市信息办代表）及番禺区三方签署了数字家庭与数字电视产业发展项目的合作框架协议书，与地方政府共建大学城科技园区。2008 年 7 月，中大控股与番禺市信息中心投资共建了广东星海数字家庭产业技术研究院有限公司，作为数字家庭研发园的管理实体，以企业化方式开展园区的开发、建设、管理和招商选资工作。根据数字家庭产业是先进制造业、现代信息服务业与文化产业高度融合的复合型现代产业这一特点，以"应用促进研发、研发产生创新、创新制定标准、标准推动产业"为发展思路，着力抓好数字电视、宽带网络及 IPTV、数字化音视频等关键领域的自主创新和市场应用，推动以"新媒体、新服务、新产业"为标志的数字家庭产业迅速发展。广州大学城数字家庭和数字电视产学研孵化基地建设一年多时间，总计引进了国内外 70 多家知名企业和科研机构进驻，2008 年实现科工贸收入 16 亿元。基地还组织高校、科研院所和入驻企业申报专利 1000 余项，形成了数字家庭专利池；已开发出和正在加快开发 5 种芯片、4 个互动增值服务平台、6 种机顶盒、2 个交互遥控器、8 大互动增值内容、23 类数字家庭产品，成功推动了试点应用和市场化推广，初步形成了从内容服务、基础软件开发到设备制造、网络建设的数字家庭产业链。从技术研究、标准制定、产品设计到产业应用，数字家庭和数字电视产业的技术基础已经具备，进入产业化高速发展的初期。

数字家庭和数字电视产业产学研基地正站在跳跃发展的平台上，其发展目标是努力打造广东省 1500 万数字家庭消费市场，建设辐射全国、影响东南亚的国家级数字家庭特区。具体发展思路①可总结为四项工程建设。

第一，完善数字家庭产业规划工程——构建研发园、商务园、制造园一体化发展的数字家庭产业基地。

进一步完善数字家庭产业发展规划和"国家数字家庭应用示范产业基地"的总体规划，以构建完善产业链、促进产业集聚为目标，实现以 200 亩"广州大学城数字家庭研发园"为核心，800 亩"数字家庭商务园"和 17 平方公里"数字家庭制造园"共同发展的新格局，使园区成为改善区域投资环境、引进外资、促进产业结构调整和发展经济的辐射、示范和带动基地，成为广州市经济腾飞的助推器。

优化园区的产业布局和产业链条的衔接，以集聚创新优势替代要素成本优势，以研发带动制造集聚、升级，以制造集聚推动产业发展，以产业发展提升商务需求，到 2010 年使广东

① 企业内部报告：《数字家庭产业发展情况报告》，2009 年。

成为国内最大的数字家庭产品生产和消费地区，到2015年使广东成为国际著名的数字家庭产品生产和消费地区。

第二，建设千亿元数字家庭产业工程——以建设大项目、引进龙头型、基地型企业为突破口，带动产业集聚，实现产业规模的跨越式发展。

加快实施大公司战略和"龙头项目"战略，加大招商选资力度，吸引及培育具有国际竞争力的数字家庭龙头企业，形成一个以技术创新为先导，以高中档产品为主的丰富产品线组合和以大型企业集团为龙头，众多专业公司、特色企业、配套厂商齐头并进的企业集群，力争到2015年，使进驻基地或项目关联的企业数量超过1000家，数字家庭产业基地总产值达到1000亿元，实现数字家庭产业的跨越式发展。

第三，开展数字家庭产业链延伸工程——大力推进技术创新、产品创新、应用创新、服务模式创新与制度创新，形成完善的数字家庭产业链。

技术、产品创新。组织基地企业开展共性技术、核心技术攻关，在保持现有优势产品的基础上，组织开发嵌入式基础应用软件、核心芯片、集成电路、智能网关、家庭存储、3G移动通信设备、视听设备、数字电视一体机及其周边设备等重点拳头产品，带动平板显示、数字家电、数字安防、电子商务等产业环节的快速发展，形成完整的数字家庭终端产品链。

第四，推进数字家庭千万应用试点工程——建设数字家庭公共展示和体验中心，扩大试点范围，打造大规模的数字家庭应用示范试点区。

继续加大包括番禺试点、云浮试点、中山试点和东莞试点在内的试点区域的建设与监管力度，通过试点形成一批能够代表数字家庭典型应用、市场反应强烈和投资回报效益良好的增值服务项目，打造具有国际影响力的数字家庭应用示范试点区，努力实现百万、千万级试点用户效应。

5.3.2 珠海园区的建设和发展

珠海园区濒临大海，位于珠海校区的东侧，其商业环境相对不太成熟，校区建设历史不长，科技成果和科研力量比较单薄，园区工作启动难度较大。建设和发展的规划就很重要。总体上说，珠海园区建设是以创新为源动力，打造服务创新和技术创新双轮驱动的新型科技园区[①]。

中山大学国家大学科技园珠海园区按照"一区二园"的设想进行规划。"一区"即以创新为源动力，融入珠海市的区域经济，实现珠海和中山大学共同发展，互为推动的新型科技创新园区。"二园"即在园区中建设以业务流程外包服务（BPO）为核心内容的"现代服务业创新园"和以健康产业为主要领域的"技术创新园"两个主题园（见图5-9）。

第一，以业务流程外包服务（BPO）为核心内容的"现代服务业创新园"。

（1）"现代服务业创新园"——打造珠海经济的绿色引擎。

业务流程外包（Business Process Outsourcing，BPO）是指企业将自己基于IT技术之上的业务系统委托给专业服务公司，由其按照服务水平协定的要求进行管理、运营和维护，其中包括客户管理外包、人力资源外包、财务流程外包、保险理赔业务外包、金融业务外包、贷款流程外包、政府非核心业务流程外包等。

业务流程外包产业作为现代高端服务业的重要组成部分，

---

① 企业内部报告：《中山大学科技园珠海园区建设规划》，2008年。

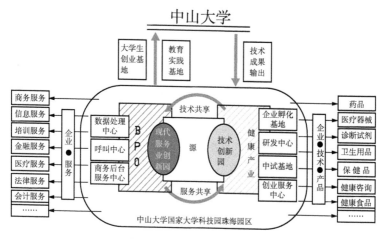

图5-9 珠海园区规划图

具有信息技术承载度高、附加值大、资源消耗低、环境污染少、吸纳就业、国际化水平高的特点。

　　业务流程外包不是传统意义上的软件开发，没有有形的产品载体，它是基于最新的网络应用技术结合后续大规模的人力加工产业：涵盖了数据处理、流程管理、语音服务多种层面的服务行业。这个新兴产业具有高技术综合、管理技术先进和技术劳动力密集的三个显著特点。

　　珠海市作为珠三角的重要城市，是外包服务聚集的城市，而发展业务流程外包产业也将为珠海的经济发展带来强大的推动力。珠海市地处中国经济最为活跃的广东珠三角，具有得天独厚的人居环境，毗邻澳门、香港，在整个亚太地区的地理位置较为中心，随着港珠澳大桥的开通，通过对亚太地区业务流程外包市场的重点开拓，可以使珠海成为港、澳乃至亚太地区重要的 BPO 中心（见图 5-10）。

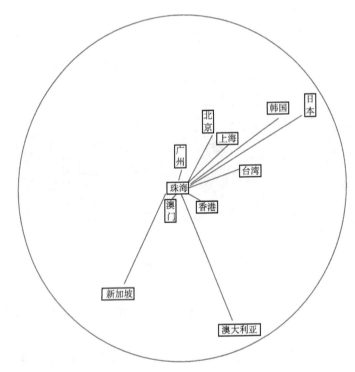

图5-10 珠海地理位置概念图

　　近年来，亚太地区 BPO 市场发展得非常快，亚太地区已经继欧美之后成为服务外包的快速增长区域。在亚太市场，很多电信运营商他们都运营 BPO 的服务，许多的跨国银行也把他们的后台数据处理的全球中心或者亚太中心放在了中国。

　　珠海市是一座非常重视科技和教育的城市。中山大学国家大学科技园珠海园区坐落在珠海科技创新和教育资源最集中的珠海大学园区，中山大学珠海校区拥有来自中山大学的文、理、医、工等门类 17 个院系 50 多个专业，还有以整建制落户的旅游学院、翻译学院、国际商学院等实体学院。可以培养大批的技术人才，为发展 BPO 产业提供人才。

中山大学国家大学科技园珠海园区建立现代服务业创新园，可以充分依托中山大学珠海校区的办学优势和科研优势，一方面为园区内的企业提供包括信息技术、多国语言翻译等方面的人才，输出技术成果，另一方面为大学生提供实践机会，同时，还可以增加社会就业，为社会提供多方面的高端技术服务。

如果能够充分发挥优势，积极扶持发展 BPO 产业，珠海将可以成为亚太地区 BPO 中心，成为 BPO 企业聚集的中心。发展 BPO 产业，符合以科技创新促进产业结构调整，建设创新型珠海，促进珠海市经济发展的总体目标。

（2）"现代服务业创新园"规划。

现代服务业创新园的建设将着力发展业务流程外包产业，发挥珠海的城市优势和中山大学的办学和科研优势，将其建设成为亚太地区重要的 BPO 中心之一，规划建设"数据处理中心""呼叫中心""商务后台中心"。

数据处理息中心：①吸引跨国金融机构入园，汇集其全球或者区域金融数据处理业务，成为其数据处理、后台处理的"工厂和车间"，主要提供处理金融机构的交易；编辑和提供信息的服务。具体涉及的业务主要有：账户管理、支票和保证金作业、保险支付、邮件处理和股票转让等活动。②积极开拓医疗数据处理、通信数据处理、交通数据处理等各种数据处理外包业务。

呼叫中心：引入呼叫中心外包服务商，为各行各业的企业客户提供全程网络的呼叫中心服务，服务模式包括平台外包类和座席服务外包类以及灵活多样的综合服务。

商务后台中心：为各类企业，包括园区内的创业小企业提供包括日常公司的行政管理、人事管理、财务管理、市场管理等服务，提供专业的法律服务、会计审计服务、税务服务、人力资源服务、技术培训服务，等等。

第二，以健康产业为主要领域的"技术创新园"。

（1）"技术创新园"——建立健康产业高地，助推技术创新。

"无限商机在健康，健康商机在中国"是很多投资者的基本共识，13亿的人口基数，经济的快速增长、GDP接近两位数的增长率，等等，为国内及海外投资者提供了投资依据。基于这样的中国国情，中国国民对于健康的迫切需求，似乎投资健康产业成为必然的选择。中国的健康产业是巨大的、独一无二的金矿。健康保健、休闲疗养、检验中心、药品、医疗器械、功能食品、绿色食品、食品安全成为热门的词汇，庞大的人口基数，几乎成为所有投资健康产业的理由。然而，健康产业仅占中国国民生产总值的4%～5%，低于许多发展中国家。而在发达国家，这一比例普遍超过15%，健康产业成为带动整个国民经济发展的巨大动力。例如，美国的健康产业约为1.5万亿美元，而中国只有400亿美元。随着人们提升生活质量的要求日益迫切，健康产业的发展已经成为社会经济发展的必然要求，发展健康产业可以成为一个城市，乃至国家经济发展重要推动力。

珠海的医药制造业共有规模以上企业25家，其中主营业务收入超亿元的企业有4家，分别是珠海联邦制药股份有限公司（7.8亿元）、珠海保税区丽珠合成制药有限公司（3.5亿元）、丽珠集团丽宝生物化学制药有限公司（1.6亿元）和珠海许瓦兹制药有限公司（1.1亿元）。从横向比较看，珠海的优势产业与珠三角其他城市同类产业相比，具有较为明显的优势。中山大学在医学遗传学、眼科学、肿瘤学、寄生虫学、内科肾脏病学、器官移植、传染性肝病、生物医学工程及分子医学等方面科学研究成绩显著，达到国家先进水平。拥有一大批创新科研基地，目前有 12 个国家级、27 个省部级和 141 个校级科研机构，包括有害生物控制与资源利用国家重点实验室、植物基因工程国家专业实验室、华南肿瘤学国家重点实验室、国家新药（抗肿瘤药物）临床试验研究中心、眼科学国家重点实验室、教育部食品工程研究中心、基因工程教育部重点实验室；学校拥有附属第一医院、附属第二医院（孙逸仙纪念医院）、附属第三医院、附属第五医院（珠海医院）4 所附属综合性医院，以及中山眼科中心（含眼科医院）、肿瘤防治中心（含肿瘤医院）、光华口腔医院 3 个专科医院。迄今为止，已与美国、加拿大、日本、澳大利亚、英国、法国、德国等国家和地区的 100 多所著名大学、学术机构和团体建立了学术交流关系，并与其中的 40 多所签署了交流协议。中山大学在健康产业方面拥有雄厚的科研基础，具有完善的产品研发体系，拥有大量的技术成果，同时拥有多家附属医院，医疗水平在省内首屈一指，可以为医疗保健服务提供高水平的支持。

在中山大学国家大学科技园珠海园区建立以健康产业为主题的技术创新园，集合了中山大学在科研、医疗服务以及产业化等多方面的优势力量，具有坚实的科技创新基础，通过良好的孵化平台，大力引优势企业入园、大力扶持科技成果的转化、大力扶持科技企业的发展，为园区建设提供丰富的内涵。

（2）"技术创新园"规划。

在政府的各项政策方针的指导下，技术创新园的建设将以健康产业为核心内容，以从研发到中试到生产的科技孵化平台为主线，辅以建立风险投资等投融资平台、创意型商务平台、增值服务平台等服务体系，搭建健康产业科技创新的立体孵化体系，实现大学科技园科技企业孵化、科技成果转化、科技人才培养的三大功能，向社会输出具有核心技术、持续生命力的高新技术企业以及具有高技术含量的产品，同时培养具有创新精神和实践经验的科技创新人才。规划建设"企业孵化基地""研发中心""中试平台""创业服务中心"。

企业孵化基地：重点吸引科技企业入驻，通过园内各种孵化条件，以健康产业为核心，致力于科技成果的转化和科技企业孵化。

研发中心：结合生物技术、电子技术、新材料技术，建立研发中心，通过引入中山大学的相关重点实验室、国内外知名企业的研发中心落户园区，建立起以健康产业为核心，覆盖各个相关领域的研发平台，主要方向包括医疗器械、药品、诊断试剂、医用耗材、功能食品、食品安全，等等。

中试平台：建立适用的中试平台，可以帮助企业完成产品的完善、报批等工作，提高产品的市场存活率。主要建设内容是洁净的生产车间，用于医药、医疗器械、功能食品等产品的中试。

创业服务中心：为创业企业提供完善的服务体系。包括：①投融资服务，成立专门的风险投资公司，帮助中山大学的科技成果走向市场，同时，通过与政府、银行、担保公司的合作，建立丰富而灵活的投融资体系，为处于不同阶段的企业提供最合适的资金支持。②创业企业管理服务，包括科技立项、成果转化、专利申请、法律咨询、财务管理、工商、税务、社会保险、人才租赁方面的服务。③增值服务，主要是利用中山大学在企业管理、培训、人才方面的优势，为企业提供增值服务。包括企业诊断、股权结构设计、资产机构优化、财务结构优化、推荐高管人员、市场调查、市场策划、协助企业拟定企业中、长期发展规划和上市计划，等等，帮助入园企业的发展。

根据计划，珠海园区到 2015 年，实现技工贸总收入 200 亿元，利税总额超过 20 亿元，使中山大学国家大学科技园珠海园区入驻研发和中介机构 50 家以上、孵化项目 300 项以上、重点研发孵化急需的高新技术项目 10 个、孵化企业 200 家以上、培育产值 1 亿元以上的高新技术企业 20 家、产值 10 亿以上的高新技术企业 5 家，每年向珠海市输送具有自主知识产权的高新技术企业 5～10 家，使中山大学国家大学科技园珠海园区成为中山大学在珠海市经济和社会发展的标志性窗口之一。

5.3.3 海珠园区的发展

中山大学与海珠区在国家大学科技园的建设和发展上已经有了良好的合作基础，需更进一步整合区校资源，突破常规，先行先试，在海珠区通过建设"科技创新区"，把校区合作从点跳跃至线、面，实现大学园区、科技园区与城市社区"三区融动、跳跃发展"，扩大中山大学国家大学科技园的社会影响和产业集聚效应，共同提升政府创新能力。

在中山大学南校区，通过政府的支持，全面布局，推进大学与城区融合，将学校积极地融入城市社区，打造广州新的中央智力区。拟通过已有的、在建的及规划的科技园主题园区，全面构建清洁材料与技术园、生命与海洋技术园、科技创新服务平台、文化创意产业园、信息技术与现代服务业园区、新型商业社区，将大学渗入城市、社区，实现科技、文化的共同影响，成为"城市的大学、大学的城市"。

整体规划见图 5 – 11，以下是各地块及其发展主题的定位。

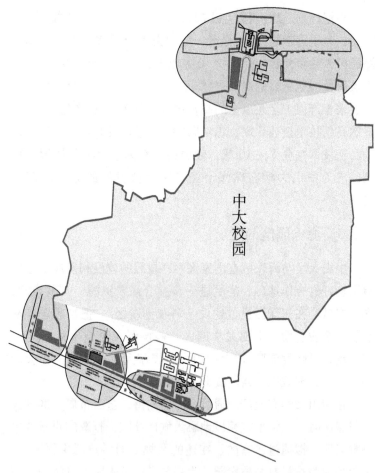

图 5 –11 中大南校区整体规划

（1）清洁材料与技术园区（西门东侧）。

"清洁技术"是指某类产品、服务和工艺，和传统技术相比，能够降低能源和资源消耗，减少对环境的负面影响，提高社会生活质量的技术，主要包括新能源及高效节能技术、资源与环保技术等。根据美国清洁技术投资协会的定义，清洁技术主要适用于农业、能源和节能、制造业、交通及水资源领域。

中山大学科技园多年来培育出一批拥有自主知识产权与节能减排相关的清洁技术产品的企业，这些技术的广泛推广与应用，产生了很好的经济效益和环境效益。

中山大学南校区西门东侧大学科技园一期，已建成并投入使用，总面积21000平方米，截至2019年，有110家中小型创新型企业入驻。该园区将来拟调整为清洁材料与技术园区。

（2）生命与海洋技术园区（西门西侧）。

生命科学产业潜力无穷，海洋技术推动区域新经济发展。2008年全国海洋生产总量已近3万亿元，滨海旅游业、海洋交通运输业、海洋油气业、海水养殖业等产业方兴未艾，海洋电力业、海水利用业、海洋生物医药业等新兴海洋产业蓬勃发展。

2008年，国家海洋局与科技部联合出台了《全国科技兴海规划纲要（2008年—2015年）》，提出在珠江三角洲地区形成特色的海洋高技术成果转化和产业化基地。同时强调注重海洋科技成果产业化的区域协调和阶段衔接。优化配置跨区域、跨学科和跨部门的海洋科技资源，构建政府—企业—高校—科研院所—金融机构结合、海陆统筹、区域合作的科技兴海模式。通过示范工程和基地建设，培育优势产业和特色产业，提高支柱产业核心竞争力，辐射带动海洋产业向优势区域集聚，延伸完善产业链，整体促进海洋产业可持续发展。

中山大学南校区西门西侧科技园二期，规划建设面积36000平方米。将来拟调整为生命与海洋技术园区，立足于中山大学生命科学学院、海洋与科技学院、海洋生物技术研究中心等的雄厚技术实力，推动生命科学与海洋技术成果转化及产业化。

（3）科技创新服务平台（西门科技园一期东侧）。

在中山大学南校区西门科技园一期东侧地块（含中大西区招待所、一栋 6 层校外住房、新港加油站），占地面积约 2500 平方米，提请市政府规划支持建设。拟通过拆迁住房、加油站，规划新建总面积约 25000 平方米的面向行业、企业的科技创新服务平台。

（4）文化创意产业园区（北门）。

出版发行、文化娱乐、文化旅游、广告会展、网游动漫等产业门类逐渐成为广州文化创意产业的主要支撑力量，其中包括作为广州文化创意产业最大亮点之一的广州动漫网游产业。广州目前从事网络游戏、动画、漫画的企业超过 120 家，从业人员超过 15000 人，网游动漫产业年产值不包含衍生产品在内已经超过 100 亿元，占全国的 1/5 左右。

海珠区新港西路集中了中山大学、珠江电影集团、广州美术学院、会展中心等有文化创意影响的核心主体，应积极规划产业范畴更为广泛的文化创意产业，扶持大学科技园在文化创意产业的发展，推进海珠区的产业升级。

中山大学南校区北门科技文化交流中心，规划建设面积 48000 平方米。其中，约 10000 平方米规划为文化创意产业园区。

（5）信息技术与现代服务业园区、新型商业社区。

中山大学南校区西区围墙以西、怡乐路以东、新港西路以北，东西长约 160 米、南北纵深 50 ～ 70 米地块，占地面积 8000 ～ 11200 平方米，提请市政府规划支持建设。我们拟通过拆迁，规划建设超过 10 万平方米的信息技术与现代服务业园区、新型商业社区，通过园区的建设，使学校的科技创新与文化的辐射效应充分发挥，使怡乐路周边地区成为科技创新一条街（见图 5 – 12）。

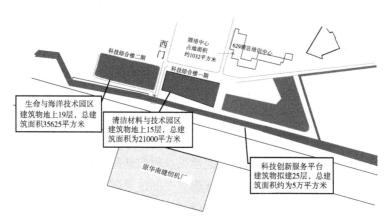

图 5 – 12　中大南校区西门规划图

到 2009 年，中山大学科技园已经初具规模，各方面综合发展，形成了基本的管理体系，科技成果转化和人才有了一定的基础，社会影响力较大，在产学研方面也取得了引人注目的成就，管理体制和主要发展格局基本成型，这段时间也可以称为成型阶段。

5.4　成型阶段存在的问题

中山大学科技园发展基本成型，在这样的成型阶段，还存在着一些问题：

（1）科技园的角色定位不够清晰。科技园面向的服务对象是企业、大学和政府。在企业的角度来看，科技园有没有发挥作用是非常重要的，或者说，在企业眼中，科技园应是什么样子，大学应有什么样的科技园，是一个要澄清的问题。固然，我们可以说，大学科技园在于人才培养、科技成果的转化、科技企业的孵化，但是，对于孵化中的企业，到底需要什么孵化服务，什么是重要的，还有很多细节需要明晰。这个问题不能纸上谈兵，需要到企业中去调查，了解企业对科技园工作真正的评价，了解企业需要什么样的孵化服务，才能够做好对企业的孵化服务工作。

（2）科技园的产学研结合机制效果不佳。科技园面向的第二个服务对象是大学，它和企业一样重要。大学就是由各个学院组成，面向大学就是面向学院、面向学院的科研成果、面向广大师生。如何使科技园成为真正的成果转化平台，这牵涉到科技园如何建立和学院的广泛的联系，让学院的科技成果和社会企业的技术需要实现无缝对接，教师能够根据社会需要开展科研活动，社会能将科技迅速转化为科技生产力，形成产学研取长补短、相互促进、彼此紧密联系的局面。大学科技园除了建设公共服务平台外，如何建立一个框架或者说专业服务平台，使得教师能充分发挥技术专长，与管理要素、资本要素彼此互补、共同发展，形成双赢或多赢的格局，这还需要在体制和机制上做很多的制度的创新。

（3）科技园与政府的合作还有待加强。科技园面向的第三个服务对象是政府，政府既是政策制定者，又是管理者。其政策意图或发展目标需要社会多种力量的实施。科技园就是政府的科技政策、产学研合作、科技创新政策的重要实施者。理顺政府与科技园的关系，既包括政府政策的清晰化与一致化，又包含科技园对政策的正确理解和利用，还包括科技园发展战略与政府区域发展战略的一致性。良好的政策环境，良好的科技园园区服务与政府管理的合作与分工，对园区本身发展和园区内企业的发展都是至关重要的。

这三个问题将在下面的三章中分别加以讨论。

第六章 大学科技园的功能

6.1 大学科技园的功能

　　一般来说，大学科技园的功能比较综合。对科技园作用的说法也众说纷纭，不同组织从不同角度提出科技园的功能。我国一般的说法是科技园有三大作用，即人才孵化、项目孵化、企业孵化。或者表述为国家大学科技园作为技术创新的基地，是高新技术企业孵化基地、创新创业人才聚集和培育基地、产学研结合示范基地。

　　国内外学者对科技园功能的研究有从宏观角度和从微观角度两方面研究。Westhead（1997）宣称科技园反映这样一个假设：技术创新的萌芽来源了科学的研究，科技园能提供将"纯"研究转化为生产的接触反应式的孵化环境。在宏观方面，在提升地方经济发展竞争力过程中，科技园发挥了重要作用。国际科技园协会认为，科技园具体可通过5个渠道发挥其功能：①创造新的商业机会和为成熟企业增加价值；②培育创业者和孵化新的技术创新公司；③创造技术性工作岗位；④为逐步出现的知识型员工建造有吸引力的场所；⑤加强大学和企业的协作。

英国科学园协会（UKSPA）[①] 认为科学园可当成一项商业支持举措，范围涉及以下三个方面：①鼓励和支持以创新为导向的、高增长的、基于知识的企业的启动、孵化和发展；②提供一个使更大型和国际化的企业，能够与特定的知识创造中心，发展独特互动、互利互惠的环境；③与知识创造中心，例如高等教育机构、科研院所，建立正式的和可操作的业务联系。英国科学园的主要服务是商业咨询，它和对企业的技术咨询一样重要。商业咨询包括商业规划建议、技术转让支持、知识产权咨询、获取贷款和风险资本、学生实习和市场营销咨询。这些服务既可由园区内部提供，也可由可靠的有效率的外部中介机构提供。园区提供的其他服务还有通讯设施，复印、清洁、保安、秘书服务支持和会议室租用。所有这些服务，使公司一进驻就能运作。英国科学园的另一职能是基于创新的孵化器，目前英国有超过220个孵化项目，虽然许多仍处于比较早期阶段。孵化器提供了创业的学习环境，企业可以随时获得导师和投资者，以及获得在市场上的可见性。孵化器所提供的服务包括：帮助制定商业规划、筹集资金、市场营销支持和指导。

Albert N. Link（2003）探讨了美国科技园的发展，根据美国大学科技园协会（AURRP）的目录，调查了50家科技园的情况，将美国的科技园分为三类：第一类是以提供场地为主的与大学无从属关系的科技园；第二类是与大学相关有租户标准的科技园；第三类是无租户标准的大学科技园，租户标准指以研发为基础或雇佣毕业生等。他们发现，没有租户要求的科技园发展要慢点，其科技园功能发挥不足，并且大多数科技园

[①] 资料来源：http://www.ukspa.org.uk/information.

并没有特别的孵化器，也就是说大多数科技园没有重视孵化企业的功能或者在这方面投入不足。

科技园的功能可体现在园区内企业的价值增加方面。Peter Lindelof，Hans Lofsten（2003）在对瑞典科技园的地理位置和新技术公司关系的研究中，分析了273家相近的新技术公司并做了调查，273家公司中有134家位于科技园，139家不在科技园。调查发现位于科技园的公司在创新能力、竞争者导向和市场导向明显，在销售和就业岗位增长、高利润等方面和非科技园的公司有明显不同。这些差别显示了科技园的比较优势。而非科技园的公司把位置选择作为重要的考虑因素。然而，这些差别并没有显示清晰的模式，所以就很难总结出科技园的高新技术公司选择科技园时除了位置之外还要考虑的重要因素有哪些。Richard（2004）比较了位于瑞典科技园的新技术公司和不在科技园的新技术公司的生存和发展。发现在销售和就业方面有明显的区别。在科技园的公司相对生存较好，但情况较为分散。坐落于科技园的形象优势并不能解释增长，但和大学合作的地理位置优势和增长正相关。有趣的是，很多学者发现（Massey，et al.，1992；Storey & Tether，1998；Mønsted，2003）大多数欧洲科技园企业雇佣员工10～20人，除了法国的大部分科技园在20世纪70年代建立外，大多数欧洲科技园都在80年代和90年代建立。这些和美国的情况不同。Storey、Tether（1998）认为科技园的作用是间接和中介的，要在较长的时间里才能见效，并和很多其他支持高新企业的政策有关。这样的政策如博士毕业生就职支持，与大学和研究机构的关系，政府的直接财政支持的咨询服务等。

考虑度量科技园生产率的困难，尤其是度量技术溢出对企业生产率的影响的困难，Siegel（2003b）调查了不同科技园的情况，限于较独立的科技园企业的情况，也就是那些较大公司的情况，他们发现：在大学科技园的公司比园外公司有略高一点的研发效率。

Storey、Tether（1998）从宏观政策角度研究科技园，他们认为科技园是地方大学将他们的研究成果在便利的地方商业化，同时也为已存在的良好运作的公司（也可是大型跨国企业）提供接近于大学校园的场所，以推进企业研究和大学院系或个人的联系，为那些运用与开发复杂技术的小企业提供高质量的有声誉的场所，这些小企业通过和大学、其他企业与科技园提供的管理服务紧密联系而得到好处。该研究中，科技园的有效职能在于提供各种联系和有声誉的场地。

对科技园的另一类研究是案例分析。Lindelöf、Löfsten（2003）建议对科技园的研究应从学习而不是创新角度出发。因为创新很难有指标度量，很难用一些宏观指标反映企业的创新能力和创新生产率。和用宏观指标的研究相比，案例分析可应用定性指标分析企业，可深入了解内在机制，当然，结论的一般性也较差。

Dahlstrand（1999）在对瑞典哥特堡地区的高新中小企业的案例分析中探讨了复杂的组织过程。他们发现哥特堡地区的技术密集型中小企业家来源于两个地方：查尔姆斯大学或大中型工业企业。这里可看到科技园是区域创新大系统的一部分，而不是其基本单位。对科技园影响的研究不再以园内和园外相比较，而是研究创业和大学及其他公司的直接和间接关系。其结论是在案例科技园除了作为新公司的场所外并没有什么其他可见的影响。那些在科技园实际发生和知识创造有关的管理活动却很难观察到。有关哥特堡研究结果体现了现代和成功的科技园的状况，因为研究不仅包括对园区和园内企业的研究，也包括了对和其他知识组织的网络关系的研究。在这样环境中科技园虽然没有什么特别的活动以发挥其功能，但也发现了科技园园内在企业间的知识创造和知识在一系列过程中的传输的证据，这说明科技园的环境是科技园发挥知识创造功能的重要因素。

科技园的功能也可从企业角度观察，其功能发挥效果体现在有关企业对科技园的选择与评价因素上。企业选择和评价科技园方面，Chien Mei－Tai（1992）考虑的因素有研发的环境、信息系统、基础设施、人力资源的质量、人力资源的成本、城市的生活质量文化社会因素。Staudt（1994）考虑的因素有法制系统的合理和合适性、对知识产权的关注、土地规模和建筑物的建设。Westhead Paul（1996）关注的因素有研发的环境、人力资源的质量、人力资源的成本、土地规模和建筑物的建设、公共设施、科技园的管理系统。最近的工作是 Chen（2004）的调研，他选取了新竹科技工业园和台南科技工业园为例，以企业高管为研究对象，发放了 212 份问卷，收回 45 份，对企业选择和评价科技园的因素做了相应的分析。他采用了因子分析法，其结论是：第一主成分为资源获得因子，主要包括公司形象改善，获得原材料，公共设施等；第二主成分为接近市场，第三主成分为土地和建筑物的激励。Chen 的研究数据样本有限，且分散在不同园区，忽视了园区本身的差异性。

国内对科技园的研究较晚，由于国内科技园建设的历史不长，作为大学科技园的概念也是中国人确立的（徐井宏，2003）。1999 年科技部、教育部联合印发《关于组织开展大学科技园建设试点的通知》，科技园才进入一个相对规范发展的时期。

对科技园的功能研究多从概念上分析和评述，有的学者将大学科技园的功能分为基本功能和衍生功能（黄亲国，2007）。也有学者（梅萌，2002）将科技园的主要职能定位在创新和孵化方面，或者将大学科技园的功能划分为孵化器功能、加速器功能、服务器功能、投融资功能（唐良智，2002）。国内大学科技园比如清华大学科技园不仅有综合孵化器，还有专业孵化器和国际孵化器（徐井宏、梅萌，2003）。对科技园的功能分析可以从社会角度，也可从大学角度或企业角度。从大学角度，科技园的功能是科技成果的转化、科技企业的孵化和创新人才的培养；从社会角度，大学科技园作为高校创新要素与社会创新要素结合的平台，可以为区域经济发展做出更大贡献（周济，2003）。从企业角度，就在于科技园的资源和环境。当然，这些功能分析在概念上讨论较多，也就没有细化，对科技园工作的指导意义有限。

国内大学科技园由于数据采集的困难，实证分析较少。有的学者对一般的宏观经济和管理指标用层次分析法和聚类法评价科技园（徐小钦等，2004）。也有学者（杨震宁，2007）对国内 8 个科技园的 69 家公司关于科技园的绩效评估进行了因子分析，从 54 个变量中得到了 6 个因子，即技术环境因子、文化氛围因子、地区吸引力因子、地方政府政策支持因子、资金环境因子、市场对接因子，由于变量较多，而样本总量有限，故 6 个因子的合计解释变量总方差不足 60%，后几个因子的解释力不足。

6.2 企业对大学科技园的价值趋向

6.2.1 企业选择科技园的考虑因素

企业评价科技园和企业选择科技园的考虑因素相似，既和企业本身的需求有关，又和科技园的环境有关。企业在选择科技园时会较多考虑市场需求，公司战略，竞争和关联的支撑企业，等等。Chen 等在对台湾企业高级管理人员选择科技园的考虑因素进行了分析（Chen 等，2004）。自 1980 年台湾新竹科技工业园建立后，高科技公司推进了台湾经济发展，还吸引了知名公司及科技人员来到台湾。1997 年，台湾相继建立了台南科技工业园和中央（苗栗县）科技工业园，芦竹和台南科技工业园，高雄多功能经济和贸易园也将相继开放。在了解管理人员对科技园基础设施，地理位置，软件设施和服务质量方面的态度方面，Chen 将企业选择科技园的动因分为：企业对园区的选择，其因素有技术潜力、资源获得、市场潜力、政府支持等。

有关科技园的选择因素，既有从全球格局上的考虑，也有在一国范围内的最优地点的选择。Chen 总结了不同学者所做的研究，将企业选择科技园考虑的因素归结为如表 6 – 1 所述（Chen，2004）：

表6-1 有关企业进入（台湾）科技园动机的文献综述

获得科技园的技术与资源 容易得到资本 获得对手的联盟和战略支持 强化企业的公司形象 巨大的潜在市场 方便本地业务的开展或中间贸易 合作或跟随（台湾或亚太区）的 顾客需求 增强寻找和交流信息的能力 （台湾）政府的奖励和支持 较高的管理效率 税收的考虑和最惠国偏好	增加高级人才的培育和获得 获得低成本的人力资源 容易获得土地和建筑物 获得相关公共设施 较低的环保组织和工会压力 接近当地和更了解当地知识和技术 现有技术和资源可有效输出（在 台湾） 避免贸易障碍 避免汇率变动风险 和母国的外交和贸易政策一致化

中山大学科技园主孵化园区（海珠园区）坐落在广州市海珠区中山大学校园内，临近繁忙的交通要道。在吸引投资者和创业者来到科技园时，什么是重要的要素，什么是最吸引企业的因素，从企业的角度，可能是各项因素的综合。既可能是便利的交通，也可能是利用学校的品牌，也可能是技术因素，或环境因素。在设计企业评价科技园量表时，既要参考前人的研究结论，又要考虑中山大学科技园区内企业状况的特殊性。在征询科技园相关管理人员的基础上，为使问卷更为有效，设置了16个功能评价变量①。16个涵括了地理环境与服务因素、政府政策因素、人力资源因素和品牌等因素。为此，2009年向科技园的63家企业的高级管理人员发放了100份问卷，回收了77份，扣除4份缺项较多的问卷，有效问卷73份。问题变量如表6-2所示：

---

① 问卷共20个变量，其他为研发变量。

表 6-2　企业对中山大学科技园的评价因素

有较好的研发环境	容易得到政府资金支持
容易获得新的融资	有优惠的税收政策
有很多合作伙伴的支持	容易招聘中大人才
借助中大品牌	有利借助中大人才
借助科技园品牌	房租便宜
容易掌握市场信息	交通便利，生活方便
容易获得技术信息	方便与中大教师交流
办事方便快捷	有利借助实验室资源

对各评价因素分为很同意，同意，一般，不同意和很不同意 5 个等级，分别给予 5 分、4 分、3 分、2 分、1 分。

6.2.2　因子分析

对 16 项因素调查数据做因子分析，因子分析是一种谱分析的方法，试图将 16 个变量化简为少数几个变量的方法，用少数几个变量概括出企业对科技园的评价，这样在众多的评价指标中，就可以抽象出少数几个指标以反映企业对科技园的关注因素。本文采用的软件程序为 SPSS17，其计算结果见表 6-3：

表 6-3　因子分析的 KMO 和 Bartlett 检验

	取样足够度的 Kaiser-Meyer-Olkin 度量	.883
Bartlett 的球形度检验	近似卡方	904.824
	Df	120
	Sig.	.000

检验的参数指标中，KMO 测度为 0.883，大于 0.8，合适做因子分析。同时，巴特利特球体检验拒绝相关矩阵为单位阵

的假设，所以，该因子分析是有效的。

解释的总方差和成分矩阵如表6-4、表6-5：

表6-4 因子分析法解释的总方差

成分	初始特征值			提取平方和载入			旋转平方和载入[a]
	合计	方差的%	累积%	合计	方差的%	累积%	合计
1	8.926	55.786	55.786	8.926	55.786	55.786	7.508
2	1.332	8.325	64.111	1.332	8.325	64.111	5.742
3	1.039	6.492	70.603	1.039	6.492	70.603	4.527
4	.992	6.200	76.803				
5	.741	4.631	81.435				
6	.612	3.827	85.262				
7	.554	3.463	88.725				
8	.381	2.383	91.108				
9	.291	1.820	92.928				
10	.264	1.649	94.577				
11	.244	1.525	96.102				
12	.199	1.246	97.348				
13	.158	.990	98.338				
14	.114	.714	99.053				
15	.090	.560	99.612				
16	.062	.388	100.000				

从表6-4中看出，第一主成分占比重56%，至第三主成分累计70%，可以解释近80%的变化，其中，第二、第三主成分相差不大。所以，我们就可用这三个新的组合变量来解释企业对科技园的评价。

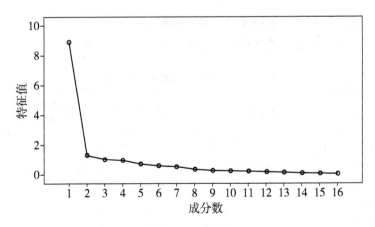

图 6 - 1　碎石图

表 6 - 5　因子分析法解释的成分矩阵

因素	1	2	3
1. 研发环境	.665	-.437	.285
2. 获得融资	.732	-.403	-.223
3. 伙伴支持	.867	-.216	
4. 中大品牌	.618		.645
5. 科技园品牌	.699		.489
6. 市场信息	.866	-.198	
7. 技术信息	.867	-.217	
8. 办事快捷	.769		.154
9. 政府资金	.752	-.140	-.237
10. 税收政策	.727	-.209	-.219
11. 招聘人才	.790	.359	-.176
12. 借助人才	.799	.426	-.102
13. 房租优惠	.649	.205	-.129
14. 交通生活	.560	.553	.131

106

续表6-5

因素	1	2	3
15. 教师交流	.780	.352	
16. 实验室资源	.730		-.182

6.2.3 人才因子和品牌因子

第一主成分是第一个新的组合变量。从成分矩阵的数据分析第一主成分特征，第一主成分数值均为正值，而且大于0.5，可以认为，大部分企业对各项指标的评价还是一致满意的。这点也可从调查结果看出，各企业对16项指标的评价，除了一项因素数值（对房租价格的满意度）为2.8（低于一般满意水平）外，其余评价值的均值都大于3，即在一般满意水平之上，这说明大部分企业除感觉房子租金比较贵之外，在总体上对其他因素都觉得较为满意。所以，第一个组合变量可称为满意度因子，它反映了大多数企业对科技园的各种因素是较为满意的。

第二个新的组合变量是第二主成分，第二主成分中第十一，第十二，第十四，第十五项数值均为相对较大的正值，而第一，第二，第三，第七项数值为负值，在扣除第一成分因素后，其数值说明企业对科技园依托中大的人才优势，交通便利以及利于和老师交流方面有较正面的评价，而对研发环境、融资、合作伙伴、技术信息有负面评价。所以，第二个组合变量可称为人才因子。第三个新的组合变量是第三主成分，第三主成分中惟独第四，第五，第一项指标数值较大，其他指标数值较小，较大的数值都和品牌紧密相关，所以第三个新的组合变量可称为品牌因子。

　　总结以上结论，企业选择科技园，综合而言，因为大部分企业对各项指标较为满意，在此基础上，在各项指标中，其差异主要体现在对科技园的人才优势和品牌优势认同的差别上。

　　第一个组合变量反映了企业对科技园各项因素的总体上的较满意评价，而第二和第三个组合变量反映了企业对科技园评价的特殊性和差异性。更进一步，在各评价因素中，扣除共性的因素，即将第二和第三主成分都为正数或都为负数的评价因素去除，并采用斜交旋转（Oblique rotation）分析评价因素的模式。可得到相关因素在旋转空间中相关表格（见表6－6、表6－7）和成分图（见图6－2）的数值。

表6－6　斜交旋转分析的 KMO 和 Bartlett 检验结果

	取样足够度的 Kaiser-Meyer-Olkin 度量	.883
Bartlett 的球形度检验	近似卡方	325.191
	Df	21
	Sig.	.000

表6－7　斜交旋转分析解释的总方差

成份	初始特征值			提取平方和载入			旋转平方和载入*
	合计	方差的%	累积%	合计	方差的%	累积%	合计
1	4.286	61.226	61.226	4.286	61.226	61.226	3.719
2	1.036	14.802	76.028	1.036	14.802	76.028	3.378
3	.676	9.661	85.689				
4	.395	5.650	91.338				
5	.273	3.893	95.232				
6	.230	3.293	98.524				
7	.103	1.476	100.000				

　　提取方法：主成分分析。

　　*使成分相关联后，便无法通过添加平方和载入来获得总方差。

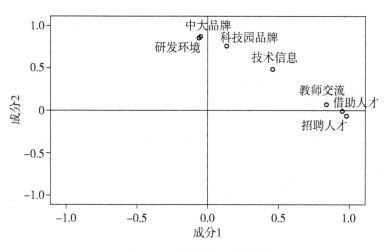

图 6 - 2　旋转空间中的成分图

由图 6 - 2 可看出，确实，人才因子和品牌因子较清晰地分列两边，技术信息兼有两方面特色，故其特征不明显。

这是一个非常有意义的结论。在评价科技园的诸多要素中，除各企业的共性因素外，反映在不同企业评价的特殊性就是人力资源和品牌。不同企业对此有不同的评价。依托大学人力资源或借助大学高科技概念的品牌是企业选择大学科技园的重要差别要素。观察一下中山大学科技园海珠园区的状况，这种结论并不奇怪。

根据科技园 2008 年的统计①，在当地注册总共 63 家企业中，生物医药行业有 8 家企业，IT 电子技术有 31 家企业，环保能源新材料有 6 家企业，其他科技类 5 家企业，中介类 13 家企业。数量比较多的是 IT 和生物医药类企业，而这两类企

---

① 数据引自 2008 年 12 月广州市海珠区科技产业基地入驻企业经济指标月报表。

业和人力资源及品牌因素紧密相关。IT类是朝阳工业，行业内容很广，专业内容更新快，需要很多年轻大学生和研究生，小型企业较多。依托于学校，可以很好地利用学校优秀的学生资源，所以该行业对人才资源的依赖性较强，对人才因素的评价较为重视。而在生物医药行业，信誉和品牌是企业第一生命，没有品牌做生物医药或保健品的营销几乎是寸步难行，尤其在企业发展初期多数人并不知道企业或产品的信息和信誉，企业必须充分借助学校的品牌，该行业对品牌的依赖性较强，所以这些企业对品牌因素的评价较为重视。

因此，大多数企业对科技园的各项因素评价较高，说明科技园的综合功能是令企业满意的。除此以外，对于科技园内的企业而言，不同的企业因为行业的不同所依托的资源是不同的，对科技园的功能需求也会有差异。有关评价科技园的因素很多，这和科技园功能的复杂性有关。如何提供必备的基本的公共服务功能，同时为园区内不同行业提供特殊的专业服务功能是发挥科技园作用的关键。科技园的服务不可能面面俱到，在中山大学科技园海珠园区的专业服务功能中，即专业服务平台的选择和建设中，由于该科技园内企业的特殊性，提供人才资源和品牌资源是较为重要的功能。提供人才资源，就要建立人才信息交流的平台，鼓励学生和教师与企业的多种联系，鼓励科研设备的共享，鼓励企业对学生的使用，搭建培训平台，使科技园成为相关专业各种应用型人才汇集的场所。提供品牌资源，就要提高品牌类企业的门槛，强化企业的信誉自律管理，做好宣传工作，树立大学科技园的良好形象，使得科技园成为高科技、信得过企业群体的象征。

总之，科技园要推进企业的发展，既要加强建设公共服务平台，毕竟共有因素在企业的评价中占有最大的比重，同时要根据企业行业的不同，侧重于提供不同的资源，即提供不同的专业服务平台，为不同行业的企业提供相应的服务。在科技园的建设中，既要加强公共服务平台的建设，如侧重于地理环境的选择和服务，以及政策辅导、融资优惠、中介服务等，又要针对园区内企业状况提供相应的资源和专业服务，即专业服务平台的建设，专业服务平台应按不同行业提供相应的专业服务，如人才资源的提供、培训和品牌资源的管理，提供相应的实验设备、测试仪器、基础原材料，等等。这样，才能够有的放矢，起到事半功倍的效果。

6.3 科技园企业的研发

对园区内 31 家 IT 企业的财务报表分析可以看出，大部分 IT 企业规模较小，赢利水平相差不大。某种意义上说，IT 是小企业发展较多的行业，是创业的乐园，是一个小型企业族群。这和 IT 行业门类多、技术变化快有关。

对 6 家生物制药企业的财务报表分析可以发现，整个状况可用一句话表达：一家独大，众家在苦苦挣扎。这点和生物制药行业的规模经济有关，多数生物医药行业需到一定规模后才能赢利，不管是建立品牌，还是研发，都需要一定的数量和基础，从零开始，大多数较艰难。做品牌，往往赢家通吃，只有第一，没有第二。做研究与开发，往往投入大，周期长，非小型企业能够承受。

作者做了科技园对企业研发帮助作用的调查。设计了四个问题，针对在企业选择进入科技园时，在产品外观有改进、可开发很多新产品、生产工艺有很多改进、产品成本有下降四个方面调查企业的看法（见表6-8），图6-3、图6-4、图6-5、

图6-6。其结果表明：

对不同的行业，在研发的态度方面，并没有行业的显著特征。每个行业内，其数据都比较分散，也不能根据行业做出合理的分类。对不同行业在研发的态度方面就一般的统计归纳，除了医药比较特殊，在开发产品和采购成本方面有两极的评价外，其他均大体服从正态分布。

表6-8　描述性统计量表

	N	均值	标准差	极小值	极大值
产品外观	71	3.1268	.80940	1.00	5.00
开发产品	71	3.2254	.92886	1.00	5.00
生产工艺	71	3.0282	.86142	1.00	5.00
采购成本	71	2.9296	.88356	1.00	5.00

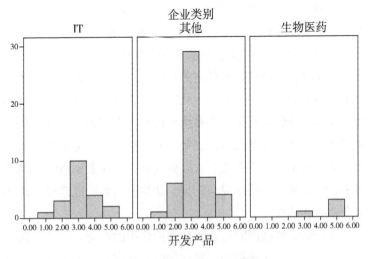

图6-3　园区企业开发产品图

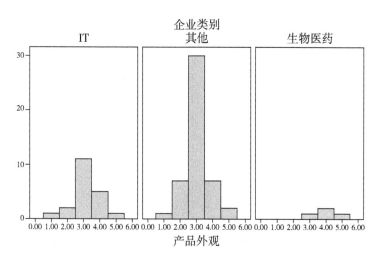

图6-4　园区企业产品外观图

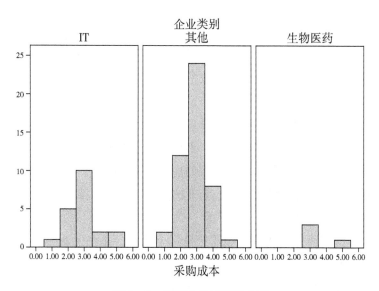

图6-5　园区企业采购成本图

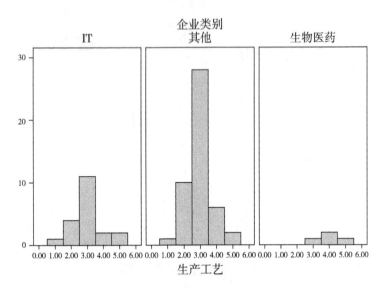

图6-6　园区企业生产工艺图

这些说明在研发上不同行业之间并没有体现出很大差别，倒是行业内部不同企业对研发的期望与评价有很大差别。特别需要指出的是，在开发新的产品和采购成本下降方面，生物医药行业内不同企业的评价差异很大。

在科技园的作用分析中，不能回避科技园的赢利问题。科技园对于企业的帮助和科技园的性质有关。固然，科技园要为企业做好服务，但过分顺应企业的需要，可能和科技园的追逐利润目标相冲突。

一方面，科技园如果纯粹是一个企业，是企业就要赢利，以利润最大化为目标，按经济规律和市场要求去做，有利则为，无利则止；另一方面，科技园要做科技成果的孵化，培育新的公司，从某种程度上看，是一个为社会提供公共服务的公益机构，重在长期的社会经济发展，带动科技水平的上升，延伸产业链，创造社会的外部经济效益，而这些行为对本身并不一定总是有利的。所以，在科技园本身的建设中，政府应给予科技园一定的扶持，在基础设施的建设中，政府给予一定的优惠，以使科技园按政府的目标支持新企业的孵化，科技园适度的公益行为是可能的。因此，科技园本身的定位应是半赢利组织，既要有公益的活动，又要有赢利的经营，以维持其持续发展的能力。

第七章　科技园服务平台建设

7.1　"吧"——知识交流平台建设

在概念上来说，大学科技园应该是创新载体，本身不一定是创新主体。它是研发向生产过渡的中间体，是中间知识的创新体。也可以说，它是技术与市场连接的桥梁，是不同知识要素的协调者、评价者、联结体，是大学中重要的知识转化平台。虽然，有学者有不同的看法，如 Clark（1998）则指出科技园并非经济理论中技术转移的合理模式。确实，科技园能否成为知识转化平台，发挥知识与创新要素汇集、交换、创造、使用，是科技园名实相符的关键。

7.1.1　"吧"的概念

科技园的作用和日本学者的"吧"概念接近。1998 年，野中郁次郎提出了吧（BA）① 的概念（Nonaka，1998），所谓"吧"，是一种知识演化、共享、创造、使用的平台和场所，它创造关联性的共享空间。在知识的创造中，"吧"的产生和再生是核心，因为它提供了个人知识的转化和知识螺旋上升的

①　BA：日文"场所"的意思，即在特定的时间和地点整合信息为知识的场所。国内学者将它翻译为"巴"，作者认为"吧"在意义上更贴切它的含义。

能量、质量和场所（Nonaka，2000）。它可看成知识聚集发酵的一种场，既可以是有形的，也可以是无形的。管理、组织和知识的创造的交互作用是 BA 概念的核心。此外，野中郁次郎用 SECI 模型演绎了从隐性知识到隐性知识，从隐性知识到显性知识，从显性知识到显性知识，从显性知识到隐性知识的知识资产螺旋式增长过程（见图 7 – 1）。

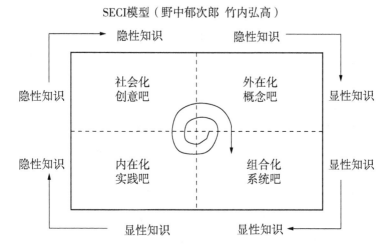

图 7 – 1　SECI 模型图

所谓社会化（Socialization），就是通过面对面的交流、个人经验来分享隐性知识。比如师傅带徒弟就是从隐性知识到隐性知识的过程，徒弟通过观察、模仿学习师傅的个人的隐性知识。

所谓外化（Externalization），就是将隐性知识概念化、规范化，表达出来变为显性知识，是同行之间的交流，通过"对话或集体思考"将难以沟通的隐性知识用模拟或隐喻的方式表达，通过外化，知识容易为他人理解。

所谓组合化（Combination），就是将不同的显性知识组合好，系统地表达出来，成为组织的知识，比如构建模型。

所谓内在化（Internalization），就是将显性知识应用于实践，由个人将显性知识消化、吸收、转化为个人的隐性知识，同时也成为组织知识的一部分。

吧、SECI、知识资产三者相互作用，组织成员在吧之间交流、共享、创造知识资产，隐性和显性知识资产在吧之间通过SECI传递和放大。对于SECI，吧也有4种形态：创意吧、概念吧、系统吧和实践吧。创意吧，是在轻松的气氛中交流思想和想法的场所。如作坊、会议室、办公室、车间、研究室等。甚至餐厅、酒吧等各种娱乐场所也是创新创意交流的场所。在创意吧，个人的隐性知识得到播、转移、扩散和共享，当然这样的交流范围有限。概念吧是将隐性知识显性化的场所，在同行间交流，将隐性知识概念化，使个人的隐性知识成为部门的显性知识，概念吧可增加组织的知识资产。系统吧是将概念吧中知识和其他知识组合和融合，转化为较为全面和系统的知识。实践吧是将理论知识应用于实践，在实践中消化、吸收、验证和改进，将组织的知识资产转化为个人在实践中的操作知识，将显性知识转变为个人的隐性知识。实践吧提供了学习和反复练习的场所。

野中郁次郎（Nonaka，1994）认为虽然知识本质上是由个人创造的，但组织支持能提供为个人创造知识的良好环境。组织知识的创造可看成个人创造知识的组织化的放大器，组织化知识创造网的透明组件。组织化的知识创造靠个人推动，个人对组织的承诺和投入是组织化知识创造的重要因素。

野中郁次郎等（Nonaka，et al.，2000）指出，每种吧在知识创造过程中提供了特别的程式，建立、维护和利用吧是组织知识创造中的重要部分。

7.1.2　吧在科技园管理中的应用

长期以来，科技园作为研究机构、企业家和企业的组织纽带，即所谓三螺旋的概念。

传统阶段的科技园，其资源体现为有形和物质财富，为企业提供场所和管理的帮助，将其职能限制在可触及的和可实践的管理职能，还不是无形的知识。他们将企业当成简单的、相互独立的公司。这样的科技园还不能为企业提供知识增长的平台。Peña（2002）在研究中发现，成功的创业家不仅重视科技园提供的有形的服务，更重视科技园提供的各种无形的服务，如经验的分享、和其他企业家的交流与学习。科技园能在企业家之间营造一种相互学习和交流的氛围。

Hansson Finn 指出科技园应作为知识组织的吧，否则，将被作为过时的组织为社会所淘汰（Finn，2007）。研究发现，大多数科技园并没有应用知识吧的概念应对知识经济时代的挑战。在知识经济时代，组织中的知识与创新要不断整合。对知识创造的管理就是建立网络、相互学习、跨越边界的交流、跨学科的交流、组织内外多种形式团队的合作。在企业管理中，不能仅仅关注创新、产品和企业，还要关注开放的、知识交流网络的形成。创业家也不再是带着独特想法的孤独的骑士，而是融于组织内外不断交流与学习的开放与开明的伙伴。

传统的管理模式下大学的学术与市场企业的需要脱节，相互既不了解，也缺少交流。如果科技园要紧跟知识经济时代，须将自己变为知识创造与交流的组织（见图7-2）。科技园要成为跨越不同企业、活跃的吧组织的参与者。科技园可通过组织各种研讨会开展吧活动，如质量管理、税务问题、项目申

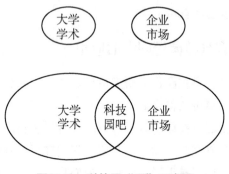

图7-2 科技园"吧"示意图

请，等等。

在科技园的服务活动中，围绕吧的建设与维护，其重点在于概念吧、系统吧、实践吧的建设。

创意吧就是建立自由、随意、轻松的环境，让个人与个人之间的交流变得容易和方便。在大学内部的咖啡厅、研究室就是这样的场所，在科技园中，会议室、办公室、咖啡厅也是企业内部和企业之间的创意吧。科技园中的咖啡厅、休息室应成为企业间人与人的创意吧。

概念吧的形成要有科技园与学院组织的活动串联。一般不同企业中的隐性知识较多，而大学的长处在于理论的提炼，将隐性知识显性化。科技园应该组织学者和企业的交流，交流的主题不确定，产学的研讨活动、企业与学院的访问、茶话会等就是这样的创意吧。

系统吧是知识的系统化，将各种显性知识集成、归纳，形成一个体系，上升为较完整的理论。为建设系统吧，科技园可组织专题研讨会，针对不同的专题定期召开研讨会，升华显性知识。

实践吧是将显性的、系统化的知识传输给企业，形成企业的智慧资产。科技园就是将大学的科研成果转化为企业的科技生产力，将科技推广到企业；也可以请专家到企业讲解和答疑，传输科学知识。

吧的形式多种多样，既可是个人的交流，也可是不同人群的无主题交流，还可以是专题研讨会，或者是某位专家的专题演讲，这样活动的开展可为学校和企业形成吧的氛围。作为科技园，不仅提供方便的场所，还要有相关的来自企业和学校的专业人士，建立一个体制，让各种吧的活动成为科技园活动的重要组成部分，形成一种学习型组织的氛围，在这种氛围下，企业和学校教师学生方便地交流、创新和积累知识。

美国麻省理工学院（MIT）与企业界不同的交流平台就是一种吧。麻省理工学院与企业界的交流平台有企业论坛、E-CLUB、企业家中心、创新俱乐部、科学与工程商会、风险投资俱乐部、MITMYM50K 竞赛等（田日文，2007）。

在中山大学主孵化园区，也举办了不少专题讲座，一年也有一两次茶话会，园区企业有很多收获。就吧的标准来看，科技园搭建了实践吧，虽然并没有制度化，而创意吧、概念吧、系统吧还是一个空白，有关交流纯粹是偶然的、临时的、不确定的。吧是一个氛围，是一种文化，学科内的交流、产学的交流、企业之间的交流、交叉学科和跨学科的交流等是知识创造的重要源泉。要建设吧，科技园就要创造个人交流的环境，主孵化园区咖啡厅的建设也纳入 2009 年工作计划；要组织不确定主题的交流、有主题的交流、专业人士的报告等多种形式的知识分享、交流与创造活动；要形成一种文化氛围，科技园、企业与政府举办各种交流活动形成制度化；要将企业、大学、研究机构、政府的高层次人才吸引到科技园的活动中，形成交流与分享、创造与积累的学习型组织。

7.2 虚拟化的科技服务平台

科技园的价值在于产学研的交流，大学、企业的交流产生新的价值。Peter Lindelöf（2004）发现在科技园的企业和大学之间的联系虽然不强，但比园外企业有明显差别。Finn（2007）在文献回顾中比较了 Gothenburg 和 Newcastle 案例，科技园在大学内和与大学关系上有所改变，他们更多强化交流和技术的服务，不是地点上接近或单纯的技术转移，而是建立商业化研发的机制。前一个案例强调了不同形式组织，如大学、小企业、大企业之间的合作很重要，后一个案例①则不仅考虑对新创业项目的支持，更要建立对潜在创新项目的支持。如果交流不依赖于固定的场所和特定的环境，就可以用虚拟服务平台的方式提供交流的平台。

Chen（2006）对台湾的科技园研究后，提出了虚拟科技园的概念，他认为虚拟科技园有三个优点：①建园时间短。如果建一个新的科技园，要环境评估，办理土地手续等，在台湾约要 5 年，而建立一个虚拟科技园就要快很多。②最小的环境影响。实体科技园要用水用电，计划不当，还会影响环境、交通、房产价格和由于大量企业涌入引起的教育资源稀缺。而虚拟科技园就没有这些弊端。③高的管理效率。虚拟科技园不是由地理位置来评价的，是根据管理要求来评价。成员企业要咨询管理政策，按要求办事。这样的管理水平会提升，管理效率也会提高。CHEN 认为台湾的条件也可以发展虚拟科技园，手

---

① 就笔者在公司网上的情况看，其意义并不像学者说的那样好，更多的像一个技术咨询服务公司的运作模式。

机、互联网等通讯技术的发展使得商业信息较方便地交流，建立虚拟科技园是可行的。最后，他建议台湾要立法促进虚拟科技园的发展。

中国深圳虚拟大学园的建设就是虚拟服务平台的大胆的探索。深圳虚拟大学园采取一园多校、市校共建的模式。自2000 年成立，2003 年获国家大学科技园称号，该园已经初步建立官产学研资介有机结合的创新体系，各项工作生机勃勃。至 2007 年，该园累计培养各类人才 69695 人；建立产业化基地 9 家，孵化企业 304 家；成果转化 236 个；在深圳设立研发中心 71 家，承担科技计划项目 97 次，获得专利 136 项①。经过几年的发展，已建成六大平台：

（1）高层次人才培养平台。

（2）科技项目孵化、成果转化平台。

（3）国家大学科技园产业化平台。

（4）深港科教合作平台。

（5）重点实验室（工程中心）平台。

（6）博士后工作站服务平台。

在深圳虚拟大学园的建设中，园区建设有虚有实，虚实结合。深圳发展时间短，没有什么科教资源，就要利用国内大学、香港及海外科教资源，借助外部力量。这是科技园的"虚"；在对国家大学科技园产业化平台建设中，2007 年大学科技园产业化基地用地面积 22.6 公顷，有武汉大学、中国地质大学、南京大学、香港理工大学、中国科学技术大学、香港城市大学 6 所大学签署了入园协议，拟投资 4.5 亿元建立约 13 万平方米产学研和产业化基地。这 6 所院校以 18 个国家重点

---

① 资料来源：深圳虚拟大学园网站。

实验室牵引，联合 22 个大规模、高水平、产业化的项目，建成产学研集群和产业化基地①。这是科技园的"实"。应该说，深圳的虚拟大学园在地方知识资源不足的情况下，大胆引进大学建设产业等平台，起到了引进外脑，推进技术发展的效果。但是，我们也可看到，在园区的功能和组织上，虚拟的服务平台建设不足，还没有将相关知识资源形成网络化的虚拟化的集聚。

中山大学科技园越秀园区的建设就可以探索虚拟服务平台的做法。

2008 年 1 月 23 日，中山大学与广州市越秀区政府举行了国家高新区黄花岗科技园中山大学园区（健康产业园区）签约及挂牌仪式，中山大学国家大学科技园越秀园区正式纳入广州高新技术产业开发区黄花岗科技园，成为其重要分园区之一。2008 年 6 月，健康产业园进入实际运作。健康产业园的目标是成为中山大学国家大学科技园专注于健康产业的专题园区，成为中山大学整合健康产业资源的公共服务平台和专业服务平台。

中山大学北校区医疗科技资源厚实，越秀行政区内医院林立，产学资源都无比丰富。但是中山大学北校区场地狭小，不能像其他科技园一样建成高楼大厦式的科技园，为此，只能建设虚拟的科技园，用虚拟的服务平台带动产学研的结合。第一，在虚拟的服务平台的建设中，要建立档案，将区内医疗资源、研究资源归纳整理，形成动态的较完整的数据库。第二，在园区内，开展各种吧的活动，建设创意吧、概念吧、系统吧和实践吧。第三，建立网络交流平台，提供技术的需求和供给

---

① 资料来源：深圳虚拟大学园网站。

信息。第四，健康产业园可作为公共科研项目申报的平台，研究区内健康与医疗的共同难题。第五，配合国家医疗体制改革要求，在区内划分职能，形成对不同层次、不同难度的医疗服务体系。第六，区内大学与医院对公共健康的合理分工，形成互补与联动机制。

健康产业园应建成一个知识平台、学习平台、合作研究平台、医疗服务协作的平台。

7.3 学科性公司管理机制创新

科技成果的转化有不同的方式，可将科技成果出售，也可将科技成果转化为专利，以特许经营的方式实现，还可建立科技企业，在企业中转化和实现科技的价值。

根据科技成果建立一个企业，将科技成果变为一个企业的核心技术，这就是科技企业的孵化。

大学科技园是大学、园区企业、政府之间沟通重要的桥梁，是三者中间重要的中转节点。在大学和科技园之间，如何使大学的院系、教师和学生积极参与科技园的工作，不仅涉及组织上的体制安排，还涉及机制上的创新。

在学院层面上科研和市场到底有多远？科研走向市场和政府政策、科研环境、中介服务机构等多因素有关，有很强的中国特色。

首先，大学老师的教学和科研往往按预定的轨道运作，没有特别的情况，一般不会有太大的跳跃。教学是预定的基础理论或专业，每年会做部分的更新，这样的更新可能是基于国外的新理论，也可能是国内的理论变化，或者现实的例子，一般很难从教学的内容引出对实践的指导；教师的科研围绕课题或文章，教师的文章往往是追求的目标，可发表的文章或已发表的文章也偏重于理论的阐述，往往要有理论的领先性，现实的情况用到的科技不一定是领先的，技术的有关内容也无法清晰表达或不便于表达，这样的现实使得大学的科研和市场本身有很大的距离。耗时耗力的沟通可能对企业和学者来说都是一种痛苦。从较普遍的角度观察，一般老师不能够自觉有效地和现实良好结合，企业也不会自觉地和大学联系，中间存在交流的障碍和距离。如果没有中介组织牵线搭桥，两者存在着很深的鸿沟。

因此，在学院和公司之间，有什么样的中间组织来连接，这样的中间组织业务如何专业化是要研究的问题。

其次，在小型科技公司的孵化过程中，有发展的机会，也有关门的风险，如何建立一个管理框架，形成一个良好宽松的环境，容许这些小型科技企业的出生和成长，也容许这些小型科技公司的歇业和消亡，是一个亟待解决的问题。每年有多个企业开张，也有多个企业关闭，这是科技小型企业的常态。如何建立企业生与灭的机制，防范财务等风险，还不能堵住发展的路子，是企业体制设计中的重要考虑因素。

最后，在连接学院和社会应用的企业或事业组织中，如何合理组织各种生产要素，将学院的技术智力资源、企业的管理资源和大学品牌资源有机地结合，既相互补充，又相互支持，形成有良好激励、良好分工和合作的新机制。

解决以上问题，既涉及学校的科技成果转化的政策，又涉及联系学院和社会市场的学科性公司的管理机制的设计。在研究企业、政府和大学的三螺旋的多重关系中，一般的研究从信息、人才、参与互惠等方面（埃茨利威兹等，2007）考虑较多，对政府、企业、大学三者关系的内在机制研究不多。笔者认为，对产学研关系的内在机制研究是深化三螺旋理论的重要渠道。

就建立产学研合作机制或科技成果转化机制方面，笔者提出学科性公司是大学内部产学研结合的重要方式，也是科技成果转化的重要渠道。由于学科性公司在职能上不同于一般的竞争性企业，在体制、机制设计上和一般竞争性企业有很多不同。在学科性公司的体制设计上，可分为模版设计、机制设计和动态管理。全国学科性公司虽然提出时间不短，但成文的管理方法较少，并且大多雷同于一般的高校产业企业管理办法。笔者有幸参加中山大学学科性公司制度的建设，深以为中山大学学科性公司管理制度在制度建设上做了有益的探索。下面就以中山大学学科性公司为例解释学科性公司的体制设计。

学科性公司的模版设计包括学科性公司的定义以及学校、学院、企业三者的关系。

学科性公司是指依托学校的优势学科和学院资源，与学院教学和科研紧密相关，以科技成果作价入股，并与社会资本结合，运用现代企业制度，在市场经济环境下有效地实现产学研结合、服务社会、开展成果转化和高新技术产业化，并推动学校学科建设和发展的公司。学科性公司是一个孵化平台，是产学研等多种要素汇集的专业服务平台。

由于学科性公司的主要职能是科研成果的产业化，和科技园工作紧密相关，所以中大控股将学科型公司纳入科技园公司管理体系，使科研成果转化为企业成为科技园公司的重要业务内容。

科技园在学科性公司的公司治理结构中，细化了所有权、经营权、技术持有人的关系。学科性公司所依托的学院可实施经营权，但科技园公司要实行所有权的管理；学院领导不能兼任学科型企业的董事长和总经理，学院成果发明者、教授可聘为学科性公司的专家、顾问，董事长一般由科技园公司委派，总经理向社会招聘或由合作企业委派；在股权设置中，鼓励技术持有人和参与成果转化、产业化的主要人员以及企业管理人员持有学科性公司的股份；一旦企业发展成熟、管理体系规范后，学科性公司可转为一般的公司完全按普通公司化模式运作。

学科性公司的机制设计包括学校科技成果转化中个人、学校的分配机制。

在促进学院科研成果转化方面，中山大学允许和鼓励技术、管理等生产要素参与收益分配。高新技术成果可作为无形资产入股，职务成果作价入股，成果完成人占有技术股份的20%～50%，其余股份归学校和学院所有①。科技成果转让收入所得收益，成果完成人可获得70%的收益（其中20%作为科研发展基金，由成果完成人支配使用），学校、院系个占15%②。在个人收益比例方面，进一步明确第一完成人获得其中不低于50%的收益。对自行实施转化或与他人合作实施转化的，中山大学在其项目赢利后5年内每年至少将学校获得的税后利润的5%奖励给成果完成人③。可以说，在转化科技成果方面，学校给了教师足够的激励政策以鼓励科技成果的转化。

学科性公司制度的动态管理在于其长期投资风险的控制（含品牌的管理）和评价体系。

---

① 中大文件：《关于加快建设中山大学科技园的若干意见（试行）》，2003年6月30日。

② 中大文件：《关于加快促进科技成果转化的若干意见》，2003年7月17日。

③ 中大文件：《中山大学科技成果转化规定》，2007年10月31日。

为减少投资风险，作为代表学校投资的资产管理公司一般以无形资产投资为主，当占有股份小于一定比例后，可撤消无形资产的投资，以减少品牌经营的风险。在公司运营中，科技园公司以控制财务风险和品牌风险为主。作为科技型企业，公司可争取政府的政策支持，以减轻财务压力。

对学科型公司的评估不同于一般的竞争性企业，在发展初期，除了基本的经济指标外，还要考虑专利等知识产权指标、人才培养指标、研究项目指标、关联企业（带动产业）指标等。这些指标不是硬性规定，可成为评估企业的动态、辅助参考指标。

学科型公司是以科技成果转化为主要目的，发挥中大品牌的优势，规范运作，这些价值观的认同是外部企业和科技园公司合作的基础。

第八章 大学科技园的外部环境

8.1 国家对科技园及园区企业的优惠政策

在知识为基础的社会中，大学、政府、产业三者之间的相互作用是改善创新条件的关键（埃茨科维兹，2005）。在创新方面，政府的定位也发生了变化。过去，政府关注的是维护市场竞争和交换秩序，通过金融政策和生产结果的再分配为弥补非均衡控制宏观经济变量等（Hirst，1994）。现在，"创新政府"成了时髦的名词，它是凯恩斯主义和福利政府的继承者，更多地通过新型合作关系再造科学技术创新的源泉（Jessop，2002）。早在19世纪中叶，美国联邦政府通过对"赠地大学"①的形式，支持大学实践学科的发展，鼓励大学为产业发展服务。二战后，美国联邦政府对大学的似乎无限的支持被制度化，证明了大学作为研究提供者和政府—产业中介的作用（埃茨科维兹，2005）。

目前，我国没有专门的针对大学科技园的政策②，国家对大学科技园及园区企业的政策体现在国家在高新区的政策和高

---

① 赠地大学（land grant university），指由美国联邦政府捐赠土地兴建的大学。
② 地方对科技园孵化器的政策主要以财政补贴为主，如北京的中关村和深圳市。

科技企业的政策方面。

科技园政策体系它包括宏观（国家）、中观（所在地区）、微观（科技园）三个层面的相关政策，可细分为投资、税收、金融、政府采购、外贸、关税、专利、人才等专项优惠政策。以下将依次从三个层面（国家、地区、科技园），就与大学科技园相对密切相关的税收、融资、创新创业、人才等几个方面的政策进行解析。

从层面来看，三个层面依次隶属，层次由高到低，内容由粗到细，解析的思路也不尽相同。其中占重要地位的税收政策因为具有标准性和统一性，例如：针对高新技术企业的税收优惠适合所有认定的高新技术企业，所以将其放在国家与地区层面进行解析，并仅以关键条款罗列形式；而除税收以外的其他专项政策则主要放在科技园层面进行解析，体现在各个科技园为充分利用国家、地区的相关政策，而根据自身情况颁布的各种办法、意见。

在2006—2020年对科技发展的规划中，政府在科技方面的政策扶持主要包含几个方面①：

（1）实施激励企业技术创新的财税政策。财税主要体现在税收的减免上。如将企业购置的设备已征税款纳入增值税抵扣范围，积极鼓励和支持企业开发新产品、新工艺和新技术，加大企业研究开发投入的税前扣除等激励政策的力度，实施促进高新技术企业发展的税收优惠政策。结合企业所得税和企业财务制度改革，鼓励企业建立技术研究开发专项资金制度。允许企业加速研究开发仪器设备的折旧。对购买先进科学研究仪

———————

① 《国家中长期科学与技术发展规划纲要（2006—2020）》，科技部网站：http://www.most.gov.cn/kjgh/.

器和设备给予必要税收扶持政策。加大对企业设立海外研究开发机构的外汇和融资支持力度，提供对外投资便利和优质服务。

（2）加强对引进技术的消化、吸收和再创新。国家通过调整政府投资结构和重点，设立专项资金，用于支持引进技术的消化、吸收和再创新，支持重大技术装备研制和重大产业关键共性技术的研究开发。采取积极政策措施，多渠道增加投入，支持以企业为主体、产学研联合开展引进技术的消化、吸收和再创新。

（3）实施促进自主创新的政府采购。政府通过制定《中华人民共和国政府采购法》实施细则，鼓励和保护自主创新。建立政府采购自主创新产品协调机制。政府首先要购买国内企业开发的具有自主知识产权的重要高新技术装备和产品，并通过政府采购，支持形成技术标准。

（4）实施知识产权战略和技术标准战略。政府一方面要保护知识产权，维护权利人利益，树立国际信用，以利于开展国际合作，另一方面，要建立对企业并购、技术交易等重大经济活动知识产权特别审查机制，避免自主知识产权流失。防止滥用知识产权而对正常的市场竞争机制造成不正当的限制，阻碍科技创新和科技成果的推广应用。在形成自主知识产权方面，要组织以企业为主体的产学研联合攻关，并在专利申请、标准制定、国际贸易和合作等方面予以支持，形成我国自己的技术标准，并推动我国技术标准成为国际标准。

（5）实施促进创新创业的金融政策。要建立与完善创业风险投资机制，起草和制定促进创业风险投资健康发展的法律法规及相关政策。积极推进创业板市场建设，建立加速科技产业化的多层次资本市场体系。为高科技创业风险投资企业跨境资金运作创造更加宽松的金融、外汇政策环境。在国家高新技术产业开发区内，开展对未上市高新技术企业股权流通的试点工作。鼓励金融机构对国家重大科技产业化项目、科技成果转化项目等给予优惠的信贷支持，建立健全鼓励中小企业技术创新的知识产权信用担保制度和其他信用担保制度，为中小企业融资创造良好条件。

（6）加速高新技术产业化和先进适用技术的推广。继续加强国家高新技术产业开发区等产业化基地建设。制定有利于促进国家高新技术产业开发区发展并带动周边地区发展的政策。构建技术交流与技术交易信息平台，对国家大学科技园、科技企业孵化基地、生产力促进中心、技术转移中心等科技中介服务机构开展的技术开发与服务活动给予政策扶持。

支持面向行业的关键、共性技术的推广应用。制定有效的政策措施，支持产业竞争前技术的研究开发和推广应用，重点加大电子信息、生物、制造业信息化、新材料、环保、节能等关键技术的推广应用，促进传统产业的改造升级。加强技术工程化平台、产业化示范基地和中间试验基地建设。

就实务而言，国家层面的政策主要体现在为促进科技园及高新技术企业发展，在财政、税收等方面的支持政策。

表8-1　国家层面对科技园及入园企业的支持政策

政策	目的	主要条款
国务院关于印发实施《国家中长期科学和技术发展规划纲要（2006—2020年）》若干配套政策的通知	为实施《国家中长期科学和技术发展规划纲要（2006—2020年）》（国发〔2005〕44号），营造激励自主创新的环境，推动企业成为技术创新的主体，努力建设创新型国家	1. 科技投入；2. 税收激励；3. 金融支持；4. 政府采购

续表 8 – 1

政策	目的	主要条款
《财政部 国家税务总局关于国家大学科技园有关税收政策问题的通知》	为贯彻落实《国务院关于印发实施〈国家中长期科学和技术发展规划纲要（2006—2020年）〉若干配套政策的通知》（国发〔2006〕6号）	1. 对符合非营利组织条件的科技园的收入，自2008年1月1日起按照税法及其有关规定享受企业所得税优惠政策；2. 享受房产税、城镇土地使用税以及营业税优惠政策
《财政部 国家税务总局关于企业技术创新有关企业所得税优惠政策的通知》	为贯彻实施《国家中长期科学和技术发展规划纲要（2006—2020年）》（国发〔2005〕44号），根据《国务院关于印发实施〈国家中长期科学和技术发展规划纲要（2006—2020年）〉若干配套政策的通知》（国发〔2006〕6号）的有关规定	1. 关于技术开发费；2. 关于职工教育经费；3. 关于加速折旧；4. 关于高新技术企业税收优惠政策
《中国人民银行 财政部 人力资源和社会保障部关于进一步改进小额担保贷款管理积极推动创业促就业的通知》	为落实《中华人民共和国就业促进法》和《国务院关于做好促进就业工作的通知》（国发〔2008〕5号）精神，进一步改进下岗失业人员小额担保贷款管理，积极推动创业促就业	1. 进一步完善小额担保贷款政策，创新小额担保贷款管理模式和服务方式；2. 改进财政贴息资金管理，拓宽财政贴息资金使用渠道；3. 进一步完善"小额担保贷款＋信用社区建设＋创业培训"的联动工作机制

续表 8-1

政策	目的	主要条款
《关于促进国家高新技术产业开发区进一步发展增强自主创新能力的若干意见》	为实施《国家中长期科学和技术发展规划纲要（2006—2020 年）》（国发〔2005〕44 号，营造激励自主创新的环境，促进国家高新区进一步发展、增强自主创新能力，制定本意见	1. 突出企业技术创新的主体地位；2. 加强创新创业服务体系建设；3. 促进创新资源在国家高新区的集聚；4. 进一步完善支持国家高新区增强自主创新能力的财税金融政策；5. 严格依据土地利用总体规划和城市总体规划开发建设
《科技型中小企业创业投资引导基金管理暂行办法》	为贯彻《国务院实施〈国家中长期科学和技术发展规划纲要（2006—2020 年）〉若干配套政策》（国发〔2006〕6 号），支持科技型中小企业自主创新，根据《国务院办公厅转发科学技术部财政部关于科技型中小企业技术创新基金的暂行规定的通知》（国办〔1999〕47 号），制定本办法	1. 阶段参股；2. 跟进投资；3. 风险补助；4. 投资保障
《鼓励软件产业和集成电路产业发展的若干政策》	为推动我国软件产业和集成电路产业的发展，增加信息产业创新能力和国际竞争力，带动传统产业改造和产品升级换代，进一步促进国民经济持续、快速、健康发展，制定以下政策	1. 投融资政策；2. 税收政策；3. 产业技术政策；4. 出口政策；5. 收入分配政策；6. 人才吸引与培养政策；7. 采购政策

资料来源：广州科技网（http://www.gzkj.gov.cn/fagui/index.jsp）。

8.2 不同园区优惠政策的比较

全国典型的科技园有中关村科技园和苏州工业园等，中山大学科技园在 2009 年前基本成型，也基于这个时点，本节就这两个科技园的政策和广州地区政策做简单的比较。

对科技园建设政策分为两个部分，一部分是为促进科技园整体建设的，这一部分一般是由所在地的地区政府颁布的；另一部分是具体针对入园企业的各种办法、意见。

8.2.1 中关村科技园及入园企业政策

第一，科技园政策（地区层面），见表 8-2。

表 8-2 针对中关村科技园建设政策

政策	目的
《北京市"十一五"时期中关村科技园区发展规划》	是党中央提出科学发展观和构建和谐社会重大战略思想后园区编制的第一个中长期发展规划，是北京市从 2006 年到 2010 年的"十一五"时期发展的重点专项规划，也是贯彻落实国务院关于做强中关村科技园区的重大决策的行动纲要
《北京市人民政府关于进一步做强中关村科技园区的若干意见》（京政发〔2005〕22 号）	为打造世界一流科技园区，北京市人民政府出台了《北京市人民政府关于进一步做强中关村科技园区的若干意见》，提出要举全市之力做强中关村科技园区，《意见》将中关村科技园区发展纳入《北京市国民经济和社会发展第十一个五年规划》；继续设立"中关村科技园区发展专项资金（每年 15 亿元）"；加大市级科技计划支持中关村科技园区发展的力度；《意见》要求市相关部门要大力推进中关村科技园区的交通、能源、通信和环保等基础设施与配套公共服务设施的建设

续表 8-2

政策	目的
《中关村科技园区发展专项资金使用管理办法》（京财预〔2006〕1769 号）	通过设立专项资金，加强园区内软硬环境建设，支持园区内高新技术企业发展，切实增强企业自主创新能力，鼓励中关村科技园区做大做强，促进经济结构优化升级和经济增长方式转变，加快创新型城市建设步伐。制定《办法》的主要目标在于加强对专项资金的严格管理，进一步提高财政资金的使用效益
《北京市人民政府关于在中关村科技园区开展政府采购自主创新产品试点工作的意见》	本着先行先试的原则，通过政府采购，推进中关村自主创新产品在首都发展建设中的广泛应用

资料来源：中关村科技园区官方网（http://www.zgc.gov.cn/zctd/）。

第二，入园企业政策（科技园层面），包括投融资政策及相关其他政策。

中关村科技园区管理委员会投融资促进处是管委会的内设处室，总体上负责园区的投融资体系建设，其投融资体系的特点可概括为"一个基础，九条渠道"。"一个基础"是：以企业信用体系建设为基础；"九条渠道"分别是：创业投资、天使投资、境内外上市、代办股份转让、并购重组、技术产权交易、担保贷款、信用贷款、企业债券和信托计划。下面先介绍中关村科技园的投融资政策体系，主要包括信用（基础）政策和投融资（渠道）政策，然后介绍相关其他政策。

（1）信用政策。

北京中关村企业信用促进会是中关村科技园区信用体系建

设的重要组成部分和开展园区企业信用管理与信用服务的工作平台，是由园区高新技术企业、行业协会、为园区企业服务的金融机构、信用担保机构、信用服务中介机构和其他相关企事业单位、社会团体组成的企业信用自律组织（社团法人）。信用促进会在中关村管委会的指导下按照协会章程，围绕信用宣传、信用服务和信用管理三大主题开展工作，通过举办各类免费培训、讲座、专题咨询会、研讨会、论坛、宣介活动、开展网站服务、报刊电视媒体宣传、受托管理园区中介服务支持资金、制定相关信用管理制度、实施中介服务机构监督管理等工作，将政府政策、企业信用、培育信用产品市场和企业融资服务有机地结合在一起，不断提高企业信用意识、信用等级和信用管理水平，扩宽企业融资渠道，营造园区良好的信用环境。中关村科技园信用政策见表8-3。

表8-3　中关村科技园信用政策

政策	目的	组织机构
《企业信用报告制度》	推行信用报告的目的是为了进一步推动中关村科技园区企业信用体系建设试点工作，增强企业信用管理意识，树立企业自身社会信誉，在园区内逐步形成诚实守信、公平竞争的市场经济运行环境	北京中关村企业信用促进会
《瞪羚计划企业星级评定管理暂行办法》	保证园区高成长企业担保贷款绿色通道顺利实施，规范"瞪羚"企业信用星级的评定标准，加强对"瞪羚计划"专项资金的有效管理	

资料来源：中关村科技园区官方网站（http://www.zgc.gov.cn/zctd/cyzc_1/xyzc/）。

（2）融资政策。

中关村科技园的企业融资以园区信用体系建设为基础，包

括担保贷款、信用贷款、企业债券和信托计划四种渠道，相关
政策也体现在这四个方面，以促进创新型企业多元化融资渠道
的打造，具体政策、目的及优惠条款（见表8-4）。

表8-4　入园企业融资相关政策

政策	优惠条款
《瞪羚计划》	1. 获得中关村科技园区管委会的贷款贴息；2. 进入中关村科技担保公司的快捷担保审批程序，简化反担保措施；3. 进入协作银行的快捷贷款审批程序，获利率优惠
《瞪羚计划中关村科技园区中小企业信用贷款试点工作方案》	1. 快速审批机制；2. 放宽贷款额度与期限；3. 实行有限的贷款利率浮动；4. 给予贷款企业利息补贴；5. 给予试点银行风险补贴
《中关村高新技术企业集合债券》	1. 中关村担保公司执行优惠担保费率政策；2. 证券机构执行优惠的代理收费政策；3. 中关村管委会予以发债企业一定比例利息补贴
《中关村高新技术企业集合信托计划》	1. 中关村担保公司执行优惠的担保费率并根据当时发行的市场情况考虑适当的上下浮动；2. 中关村管委会给予发行信托计划企业一定比例的利息补贴
《中关村科技园区企业贷款扶持资金管理办法》	1. 合作的担保机构实行快捷担保审批程序，简化反担保措施；2. 合作银行实施快捷贷款审批程序，执行流动资金贷款基准利率；3. 中关村管委会给予获得担保贷款的"瞪羚"企业贷款贴息支持；4. 对留学人员创业企业和流动资金贷款额度在1000万元以内的软件外包企业、集成电路设计企业，按一年期内银行基准贷款利率的50%补贴利息，按1%的担保费率给予企业补贴担保；5. 发行中关村高新技术企业信托计划和企业债券的企业，可获得社会筹资利息、信托或债券管理费和担保费20%的费息补贴

续表8-4

政策	优惠条款
《集成电路设计、软件外包业务贷款担保绿色通道服务手册》	1. 申请企业取得资格，担保公司将免初审程序，快捷评审；2. 执行基准贷款利率；3. 利息和担保费补贴

资料来源：中关村科技园区官方网站（http://www.zgc.gov.cn/zctd/trzzc/qyzwxrz/）。

（3）投资政策（创业投资）。

北京中关村创业投资发展中心为中关村管委会下属的全民所有制企业，主要负责中关村创业投资引导资金的运作和管理及为园区企业改制上市提供专业服务。中关村创业投资引导资金主要采用联合投资和参股成立创业投资企业的方式，吸引社会资金投资中关村科技园区内的高新技术企业，促进园区自主创新的高新技术产业的快速发展。中关村创业投资由中关村科技园区管理委员会监督管理，北京中关村创业投资发展中心负责日常运作。园区企业的创业投资以促使优质资源和要素向有竞争力的优势创新企业集中，具体政策、目的及优惠条款（见表8-5）。

表8-5 入园企业创业投资相关政策

政策	优惠条款
《关于鼓励中关村科技园区创业投资发展的试行办法》	第四条 对投资园区初创期高新技术企业的创业投资机构，按照其实际投资额的10%给予风险补贴，单笔补贴金额不超过100万元；第五条 对在中关村科技园区内购买或租赁自用办公用房的创业投资机构给予补贴；第六条 获得创业投资的中关村科技园区高新技术企业申请市级各类科技计划、产

续表 8 - 5

政策	优惠条款
《关于鼓励中关村科技园区创业投资发展的试行办法》	业化专项的,政府有关部门视项目情况优先给予一定金额的资金支持;第七条 对于创业投资机构投资的中关村科技园区高新技术企业,成立时间在三年以内、租赁研发或生产用房的,政府有关部门给予该企业一定期限的房屋租金补贴;第八条 对于创业投资机构聘用的具有本科及以上学历且取得高级专业技术职务或在国内外获得硕士及以上学位的专业技术人员和高级管理人员,可申请办理人才引进。创业投资机构从业人员可按有关规定申请办理《北京市工作居住证》;第九条 对创业投资企业的税收优惠政策按国家有关规定执行
《中关村科技园区创业投资发展资金管理办法》	第二条 中关村科技园区创业投资发展资金包括中关村科技园区创业投资引导资金和创业投资企业风险补贴资金;第三条 根据其投资于园区初创企业的实际投资额,按一定比例给予补贴的专项资金
《中关村创业投资引导资金种子资金投资管理办法》《中关村创业投资引导资金跟进投资管理办法》《中关村创业投资引导资金参股创业投资企业的暂行管理办法》	三个办法均根据《中关村科技园区创业投资发展资金管理办法》制订,种子资金与跟进投资资金来自创业投资引导资金

续表 8 - 5

政策	优惠条款
《中关村科技园区创业投资企业风险补贴暂行办法》	对经认定的创业投资企业，根据其投资于园区初创企业的实际投资额，按一定比例给予专项补贴。补贴额度为对某一企业的实际投资额的10%；如果是某一企业首次获得的创业投资，补贴比例可提高至15%。单笔最高补贴额为100万元
《中关村科技园区小企业创新创业孵化支持资金管理办法》	1. 小企业创新支持资金：以无偿资助、贷款贴息两种方式支持企业的技术创新活动 2. 留学人员创业企业支持资金：经资金管理小组对留学人员资质和企业情况审查后，对具有良好发展前景的留学人员创办的企业，给予小额创业资金支持，最高额度为10万元人民币 3. 留学人员创业服务机构支持资金：（1）留学人员创业园房租补贴；（2）软环境平台建设和维护补贴；（3）共建的留学人员创业服务机构一次性公共创业环境补贴 4. 小企业创业服务楼支持资金：（1）入驻小企业创业服务楼的企业的房租补贴；（2）小企业创业服务楼改造建设的支持资金

资料来源：中关村科技园区官方网站（http://www.zgc.gov.cn/zctd/trzzc/qycytz/）。

（4）其他政策（见表8-6）。

表8-6　入园企业其他相关政策

政策	优惠条款
《中关村科技园区企业购买中介服务支持资金管理办法（试行）》	1. 信用中介服务；2. 企业财务（税务）中介服务；3. 知识产权代理中介服务；4. 认证中介服务；5. 技术转移中介服务；6. 企业并购中介服务
《中关村科技园区技术标准资助资金管理办法》	1. 对已被接受立项的国际标准提案，资助额度为50万元；对已被批准公布的国际标准，资助额度为150万元。2. 对已被批准立项的国家标准，资助额度为50万元；对已被批准公布的国家标准，资助额度为50万元。3. 对已被批准立项的行业标准、地方强制性标准，资助额度为25万元；对已被批准公布的行业标准、地方强制性标准，资助额度为25万元
《关于促进中关村高新技术企业发展的若干意见》	1. 对于纳入统计范围的中关村高新技术企业，2008年企业总收入5000万元以上、2009年总收入达到一定增长比例并获得区县财政补贴的，中关村发展专项资金给予一定的配套资金支持。2. 支持百家创新型试点企业开展技术平台建设、技术改造、研发和产业化、应用示范工程，专利标准创制、品牌管理、国际化经营、投融资等试点工作，对完成试点任务的企业给予最高不超过200万元的经费补贴。3. 对于改制、代办系统挂牌和境内外上市的中关村高新技术企业分别一次性给予20万元、50万元和200万元的资金补贴。4. 加大扶持企业参与政府采购的力度。支持更多有条件的企业进入北京市自主创新产品目录，定期组织召开项目对接会，推动中关村高新技术企业自主创新产品在市政、交通、公共安全、教育、医疗等重点民生行业、政府采购及投资项目中的示范、应用与

续表 8－6

政策	优惠条款
《关于促进中关村高新技术企业发展的若干意见》	推广。5. 扶持企业创制标准和专利。对中关村高新技术企业申请国内外专利并取得授权、主导制定国内外技术标准、承担标准化工作，继续给予资金支持。6. 联合各园建立创新基金，扩大对中小企业的支持范围。建立优选机制，对优秀企业的优秀项目加大集中支持力度。7. 进一步扩大中关村开放实验室的覆盖领域，扶持企业与中关村开放实验室开展产学研合作，形成创新资源共享网络。对开放实验室为企业提供分析检测、委托研发等服务的，给予资金补贴。8. 协助企业参与政府间科技合作项目和国际组织科技计划，支持企业、技术、产品和服务进入国际市场，对企业参与国际技术合作计划并开展跨国协同创新，到海外设立分支机构和跨国并购，参加国际展会以及购买出口信用保险等给予一定资金支持。9. 建立中关村科技园区"保增长、促发展"联席会议制度。通过联席会议研究协调重大事项，对工作落实情况进行监督和检查。各园、共建基地管理机构要在区县政府及区县统计部门的领导下做好将本地区中关村高新技术企业纳入统计范围的工作和产业调研、经济形势分析、企业服务及专项资金补贴等工作

资料来源：中关村科技园区官方网站（http://www.zgc.gov.cn/zctd/）。

8.2.2 苏州工业园区及入园企业政策

第一，科技园政策（地区层面）的政策，见表 8－7。

表8－7　科技园政策

政策	主要条款
《江苏省科技成果转化专项资金管理办法》	1. 采用拨款资助、有偿资助、贷款贴息方式；2. 对技术设备购置给予50—300万元补助
《关于在苏州工业园区进一步做好鼓励技术先进型服务企业发展试点工作有关税收政策的通知》	1. 减按15%的税率征收企业所得税；2. 从事离岸服务外包业务取得的收入，免征营业税；3. 职工教育经费税前列支比例提高至工资总额8%
《江苏省中小企业发展专项资金管理暂行办法》	专项资金采取补助的方式，根据项目的实际情况给予适度的资金补助。每个项目补助资金总额不超过100万元

资料来源：苏州工业园区官方网站（http://www.sipac.gov.cn/）。

第二，入园企业政策（科技园层面），主要有投融资政策、创新创业政策、人才政策和产业促进政策等。

（1）投融资政策（见表8－8）。

苏州工业园区投融资以政府财政拨款为主，积极推进各级各类科技项目申报工作，结合多种信贷、担保和风险投资体系，鼓励企业自主开拓多种融资渠道，逐步形成上级经费引导、园区科技三项经费配套、创投基金介入、担保基金保障、社会资金参与、全方位资金支持企业技术创新活动的多元化科技投入体系。

表8-8 入园企业投融资政策

政策	优惠条款
《苏州工业园区科技型中小企业贷款贴息实施细则》	1. 采用无偿援助、贷款贴息和资本注入方式扶持方式；2. 按贷款利息的50%给予补贴，每家企业每年度最高贴息额不超过50万元；3. 无偿资助和贴息总额每个项目可达300万元
《关于鼓励和扶持企业上市的实施意见》	鼓励和扶持企业上市，对于企业上市公开发行股票，或通过进入代办股份转让系统并成功挂牌交易，最终进入IPO并完成股票发行上市的企业，根据不同阶段给予总额300万元的奖励
《江苏省中小企业信用担保机构专项补助资金使用管理办法》	1. 对年末累计平均担保余额已计提的风险准备金给予不高于20%的补助；2. 对按低于同期银行贷款利率50%的标准收取担保费的，按照保额给予不高于2.5%的补助；3. 根据担保机构增资的数额进行补助

资料来源：苏州工业园区官方网站（http://www.sipac.gov.cn/）。

（2）创新政策（见表8-9）。

苏州工业园区的创新政策大致可归结为以下三点：第一，对研发机构研发费用给予财政补助；第二，对获得国家经费支持项目给予配套资金扶持；第三，研发机构租用办公用房可享受优惠。

表8-9 入园企业创新支持政策

政策	优惠条款
《关于鼓励在苏州工业园区设立研发机构的试行办法》	1. 税收激励；2. 资金支持；3. 人才队伍；4. 政府采购；5. 入驻优惠

续表8-9

政策	优惠条款
《关于加强苏州工业园区知识产权工作的试行办法》	设立园区知识产权专项资金,支持园区科技创新和实施名牌带动战略;第四条 为促进企业专利数量与质量的同步增长,对企业和个人申请专利给予资助并设立年度专利申请大户奖
《苏州工业园区科技公共服务平台实施细则》	1. 园区科技公共服务平台经费来源于科技发展资金,用于平台建设和运行补贴;2. 园区科信局每年对平台上年度服务收入进行审计,实施运行补贴①根据平台上年度服务区内中小科技工业收入的30%给予补贴,上限不超过100万元;②根据平台年度服务收入增长部分的20%给予奖励,上限不超过100万元

资料来源:苏州工业园区官方网站(http://www.sipac.gov.cn/)。

(3)创业政策(见表8-10)。

苏州工业园区的创业政策包括:第一,实施创新创业启动资金扶持计划,对科研成果产业化项目给予一定金额的启动资金支持和其他优惠;第二,设立创业投资企业风险补贴和跟进投资资金,鼓励创投投资高科技企业、降低创投企业投资风险;第三,设立创投孵化器专项资金,重点资助未能入选科技领军人才工程的高水平科技项目。

表8－10　入园企业创业支持政策

政策	目的	优惠条款
《苏州工业园区创业投资企业风险补贴管理办法》	为进一步优化苏州工业园区自主创新和科技创业环境，引导和促进创业投资企业投资高科技企业	1. 自2007年1月1日起，注册在苏州工业园区的具有独立法人地位的创业投资企业，可申请50万元人民币的启动资金补贴。在苏州工业园区内设立的创业投资企业分公司或办事处，并且在园区具有固定办公场所和固定常驻人员，可申请20万元人民币的启动资金补贴； 2. 经认定的在苏州工业园区设立机构的创业投资企业投资于园区高科技企业，园区风险补贴资金根据其投资于园区高科技企业的实际投资额，按5%比例给予专项风险补贴，单笔最高补贴额为50万元； 3. 经认定的在苏州工业园区设立机构的创业投资企业投资于园区高科技企业，如果其在园区投资的项目不成功，园区风险补贴资金将给予专项风险补贴，补贴金额为其投资于园区高科技企业实际投资额的5%，单项最高补贴额为50万元

续表 8 – 10

政策	目的	优惠条款
《苏州工业园区创业风险跟进投资管理办法》	为进一步优化苏州工业园区自主创新和科技创业环境，引导和促进创业投资企业共同投资高科技企业，降低创业投资企业投资风险	第五条 配套资金提供的跟进投资为创业投资企业本轮投资额的30%左右，出资方式原则上为现金出资，投资价格与申请的创业投资企业的投资价格相同。对于同一个高科技企业，配套资金只能参与投资一次，单笔跟进投资额度最高为400万元 第六条 如果项目投资成功，在此次投资之后5年内，创业投资企业有权按配套资金投资成本加同期银行贷款利率的价格依出资比例购买配套资金所占股权。如果项目投资不成功，项目公司将清算，清算所得资金在依法清偿债务后的分配顺序依次为：创业投资企业，配套资金，项目创业团队 第七条 创业团队投入创业高科技企业的资金不计入跟进投资额度，创业团队没有参与购买跟进投资相应股权的权利

资料来源：苏州工业园区官方网站（http://www.sipac.gov.cn/）。

（4）人才政策（见表8 – 11）。

苏州工业园去的人才政策包括：第一，"科技领军人才创业工程"，重点资助国内外科技领军型人才及团队实施自主创新型科技创业项目。第二，实施高层次和紧缺人才政策。

表8-11　入园企业人才吸引政策

政策	优惠条款
《苏州工业园区鼓励科技领军人才创业工程实施意见》	对科技领军人才创业项目给予启动资金、风险投资、跟进投资、项目贷款和担保五个专项资金资助，并给予项目资助配套、研发用房补贴、租用住房补贴、购买住房补贴、家属子女安置五项重点支持
《苏州工业园区吸引高层次和紧缺人才的优惠政策意见》	对符合园区管委会认定的高科技成长型企业中的紧缺专业人才，每月给予薪酬补贴、租住人才优惠租房

（5）产业促进政策（见表8-12）。

表8-12　入园企业产业促进政策

政策	优惠条款
软件及集成电路产业	1. 新办软件生产企业和集成电路设计企业自获利年度起，享受所得税"两免三减半"。2. 软件生产企业实行增值税即征即退政策所退还的税款，由企业用于研究开发软件产品和扩大再生产，不作为企业所得税应税收入，不予征收企业所得税。3. 软件生产企业和集成电路设计企业的职工培训费用，可按实际发生额在计算应纳税所得额时扣除。4. 投资额超过80亿元或集成电路线宽小于0.25微米的IC生产企业，经营期在15年以上的，从获利年度起，享受所得税"五免五减半"。生产线宽小于0.8微米（含）集成电路产品的生产企业，经认定后，自获利年度起，享受所得税"两免三减半"。5. 通过CMMI各级认证的企业，分别给予奖励

续表 8 – 12

政策	优惠条款
游戏动漫企业	1. 原创动画电影和原创动画电视片完成备案、获得发行许可证并播出的分别给予奖励；2. 原创网络游戏产品经批准上线运行、单机版原创游戏产品获批准正式销售的，分别给予奖励。游戏运营公司投入运营新款网络游戏的，给予运营奖励；3. 对获得国际和国家级大奖的动漫游戏产品，给予奖励。获得权威部门奖励资助的动漫、游戏、影视项目给予一定的配套资金支持
生物科技产业	1. 凡符合国家规定的进口自用设备及按照合同随设备进口的技术及配套件、备件，免征关税和进口环节增值税；2. 销售拥有自主知识产权的生物科技产品所缴纳的增值税园区本级新增留成部分，在一定年限内给予适当补助；3. 根据企业拥有知识产权的不同程度给予一定的奖励扶持
科技服务业	1. 税收激励；2. 资金支持；3. 政府采购；4. 人才优惠；5. 入驻优惠
入区教育和科研机构	1. 引进高层次人才可享受的优惠政策；2. 高教区公共奖学金、助学措施、学生医保及其他

资料来源：苏州工业园区官方网站（http://www.sipac.gov.cn/）。

8.2.3 中山大学科技园区及入园企业政策

首先，科技园（地区层面）政策，见表 8 – 13。

表8-13 科技园政策

政策	目的
《关于促进中小企业平稳健康发展的实施意见》	为贯彻落实国家、广东省关于扶持中小企业平稳健康发展的各项政策措施,加大对中小企业的扶持力度,帮助中小企业渡过难关,保持广州市经济社会又好又快发展
《关于进一步鼓励和加快我省软件产业发展加强软件产品增值税管理的通知》	为进一步解放思想,鼓励和加快广东省软件业的发展,根据《关于鼓励软件产业和集成电路产业发展的若干政策》(国发〔2000〕18号)、《财政部、国家税务总局关于贯彻〈中共中央、国务院关于加强技术创新,发展高科技,实现产业化的决定〉有关税收问题的通知》(财税字〔1999〕273号)、《财政部、国家税务总局关于鼓励软件产业和集成电路产业发展有关税收政策问题的通知》(财税〔2000〕25号)、《软件产品管理办法》(中华人民共和国信息产业部令第5号)等文件规定
《广东省科技型中小企业融资担保风险准备金管理暂行办法》	为了规范广东省科技型中小企业融资担保风险准备金的管理,提高资金的使用效益
《广东省促进自主创新若干政策》	为全面贯彻落实《中共中央、国务院关于实施科技规划纲要增强自主创新能力的决定》(中发〔2006〕4号)和《国务院关于实施〈国家中长期科学和技术发展规划纲要(2006—2020年)〉的若干配套政策》(国发〔2006〕6号),深入贯彻落实《中共广东省委、广东省人民政府关于提高自主创新能力提升产业竞争力的决定》(粤发〔2005〕14号)精神,建设创新型广东

续表 8 – 13

政策	目的
《广州市进一步扶持软件和动漫产业发展的若干规定的通知》	为进一步加快软件和动漫产业的发展，提高软件和动漫产业竞争力，争取用 5 到 10 年的时间使广州软件和动漫产业实现新的突破，根据国务院《鼓励软件产业和集成电路产业发展的若干政策》（国发〔2000〕18 号）和《国务院办公厅转发财政部等部门关于推动我国动漫产业发展若干意见的通知》（国办发〔2006〕32 号）等文件精神，结合广州市实际，制定本规定
《海珠区扶持软件和动漫产业发展办法》	为贯彻落实《国务院办公厅转发财政部等部门关于推动我国动漫产业发展若干意见的通知》（国办发〔2006〕32 号）、《广州市进一步扶持软件和动漫产业发展的若干规定》（穗府〔2006〕44 号）等文件精神，推动软件和动漫产业的发展壮大，结合海珠区实际，制定本办法
《海珠区科技、工业企业奖励试行办法》	为进一步支持和鼓励科技企业、工业企业的发展，提高企业自主创新能力，促进海珠区经济建设和社会进步，根据有关规定，结合海珠区实际，制定本办法
《海珠区加强科技企业孵化器发展实施意见》	为贯彻落实海珠区委、区政府关于"打造海珠大科技园"和《海珠区实施科技海珠战略行动纲要》精神，进一步加强海珠区科技企业孵化器建设和发展，特制定本实施意见

资料来源：http://www. zsusp. com/main/policy/policyList. aspx？typeId = 18&typeName = 国家政策。

其次，科技园层面的政策。

和前面科技园或工业园不同，中山大学科技园是学校举办的，没有地方一级财政作为后盾，故没有科技园层面的政策。

8.2.4 政策比较分析

目前，中山大学科技园主孵化园区所在地海珠区政府尚没有为落实政府相关文件及精神而发布针对入园企业的相关办法，故将省、市、区的相关政策默认为科技园的政策，同中关村科技园及苏州工业园区进行对比，并主要从税收、融资、创新创业三个方面对中山大学科技园存在的差距及原因进行简要对比分析。

首先是税收政策的比较，见表8–14。

表8–14 税收政策对比解析

政策	中山大学科技园	中关村科技园	苏州工业园	解析
政策	国家鼓励高新技术产业发展税收政策适用的对象主要包括符合条件的高新技术企业、高新技术研究开发以及技术转让等，优惠政策主要集中在增值税和企业所得税方面，根据《中华人民共和国企业所得税法》、《关于企业所得税若干优惠政策的通知》（财税〔2008〕1号）、《财政部 国家税务总局关于贯彻落实〈中共中央 国务院关于加强技术创新，发展高科技，实现产业化的决定〉有关税收问题的通知》、《财政部 国家税务总局关于增值税若干政策的通知》（财税〔2005〕165号）、关于鼓励软件产业和集成电路产业发展有关税收政策问题的通知》（财税〔2000〕25号）等文件			税收政策具有标准性与统一性的特点，归纳了高新技术企业的相关税收优惠政策，适用于科技园内所有的高新技术企业，存在差别的即体现在个别地税上的差异，及为促进软件、集成电路产业发展实施的增值税退税
主要条款概括	1. 鼓励高新技术企业的税收优惠政策。高新技术企业的税收优惠政策面向特定对象实施所得税方面的税收优惠，《中华人民共和国企业所得税法》第二十八条规定：国家需要重点扶持的高新技术企业，减按15%的税率征收企业所得税 2. 鼓励高新技术软件产品企业的税收优惠政策 3. 鼓励企业加大技术开发费用投入的税收优惠政策 4. 鼓励技术转让的税收优惠政策等			

154

其次是融资政策比较，见表 8 – 15。

中关村科技园及苏州工业园已建立比较完善的融资体系，而中山大学科技园及海珠区尚没有建立自身的融资体系，第一，从省、市、区的相关融资政策落实到科技园融资体系的建设存在距离；第二，科技园存在申请相关基金的困难，科技园公司没有类似中关村管委会的基金实力，无法进行贴息、费补、资助、奖励等措施。

在争取政府支持基金方面存在不足的中山大学科技园要想在融资体系建设上有所作为，可考虑与社会资本结合，例如与风投、创投合作建立相关基金，此外，在组织信用体系建设、银企合作方面也可多做努力。

表 8 – 15　融资政策对比解析

政策	中山大学科技园	中关村科技园	苏州工业园	解析
政策（办法）及主要条款概括	《广东省科技型中小企业融资担保风险准备金管理暂行办法》《关于促进中小企业平稳健康发展的实施意见》	《企业信用报告制度》《瞪羚计划》《中关村高新技术企业集合债券》《中关村科技园区企业贷款扶持资金管理办法》《中关村科技园区企业改制上市资助资金管理办法》	《苏州工业园区科技型中小企业贷款贴息实施细则》《关于鼓励和扶持企业上市的实施意见》《江苏省中小企业信用担保机构专项补助资金使用管理办法》	中关村科技园及苏州工业园已建立比较完善的融资体系

续表 8 – 15

政策	中山大学科技园	中关村科技园	苏州工业园	解析
主要条款概括	1. 风险准备金资金 2. 完善中小企业信用担保体系建设	以企业信用体系建设为基础，支持政策有：1. 贷款贴息；2. 快捷担保审批；3. 优惠贷款利率及担保费率；4. 利息和担保费补贴；5. 企业改制上市资助资金	1. 无偿资助；2. 贷款贴息；3. 资本注入；4. 上市奖励	中关村科技园及苏州工业园已建立比较完善的融资体系

最后是在创新创业方面的比较，见表 8 – 16。

中关村科技园及苏州工业园已建立比较完善的创新创业体系，中山大学科技园或海珠区政府存在类似于融资体系的障碍：第一，从省、市、区的相关政策落实到科技园存在距离；第二，科技园存在申请相关基金的困难，科技园公司没有类似中关村管委会（例如：中关村创业投资发展资金以北京中关村创业投资发展中心的资本金形式存续，逐年投入）及苏州工业园区管委会（例如：跟进投资资金来源为苏州工业园区创业投资配套资金，是园区政府预算内资金）的资金实力，无法进行风险补贴、专利奖励、跟进投资等措施。

目前，中山大学科技园没有专门成立大学生创业基金，海珠区政府对创业有所支持，但没有固定的大学生创业基金。在政府支持基金方面存在不足的中山大学科技园要想在融资创新创业体系建设上有所作为，可多考虑模仿"大学生创业基金"设立的方式，与社会资本结合设立。

表8-16 创新创业政策对比解析

政策	中山大学科技园	中关村科技园	苏州工业园	解析
政策（办法）	《广东省重奖中国专利奖获奖企事业单位实施办法》《关于提高广州市科技自主创新能力的若干规定》《广州市知识产权专项资金管理办法》《广州市资助专利申请暂行规定》《广州市留学人员科技创业资金申请办法》《广州市高新技术成果转化项目认定》《海珠区科技、工业企业奖励试行办法》《海珠区加强科技企业孵化器发展实施意见》	《关于鼓励中关村科技园区创业投资发展的试行办法》《中关村科技园区创业投资发展资金管理办法》《中关村科技园区小企业创新创业孵化支持资金管理办法》《中关村科技园区创业投资企业风险补贴暂行办法》	《关于鼓励在苏州工业园区设立研发机构的试行办法》《关于加强苏州工业园区知识产权工作的试行办法》《苏州工业园区科技公共服务平台管理实施细则》《苏州工业园区创业风险跟进投资管理办法》《苏州工业园区创业投资企业风险补贴管理办法》	中关村科技园及苏州工业园已建立比较完善的创新创业系

续表 8 – 16

政策	中山大学科技园	中关村科技园	苏州工业园	解析
主要条款概括	通过直接投入、补助、奖励、贷款贴息、税收优惠等多种方式，鼓励企业加大研发投入，建立研发机构，开展技术创新和对引进技术的消化吸收再创新等	风险补贴、购买或租赁自用办公用房、房屋租金补贴、小企业创新支持资金、留学人员创业企业支持资金、小企业创业服务楼支持资金、留学人员创业服务机构支持资金等	资金补贴；风险补贴；政府采购；入驻优惠；专利奖励；跟进投资等	中关村科技园及苏州工业园已建立比较完善的创新创业系

在政策上来看，我国对高新企业的政策主要为财政政策，产业政策也主要体现在财政政策方面。从分布看，我国各地高新区对高新企业的政策优惠明显，尤其在财税政策方面。而各地的高新区之间在财税政策上差别不大，高新区之间趋于雷同。这给科技园的发展有如下启示：

（1）高新区的特殊优惠条件使得非高新区的发展劣势明显，科技园要么在高新区，要么纳入高新区的管理体系，如中山大学科技园越秀园区纳入广州黄花岗高新区；在高新区体系之外要发展科技园是非常困难的。

（2）高新企业的众多优惠政策使得一般性企业的发展条件远不及高新企业，在科技园就得走高新企业发展的路子，离开高新技术，要做大做强会遇到很多困难。

（3）不同地区的高新政策差别减少，使得区位发展优势格局改变。就政策而言，作为沿海开放地区的广东省或广州市，相比于其他地区（如北京、苏州等）在科技园的发展上已没有政策的比较优势。做好科技园，更多地靠内部管理和科技的发展。

8.3 有限的政府与无限的服务

政府与企业、政府与科技园的关系是三螺旋理论的重要方面。政府可更多地鼓励区域各角色之间的相互协作与合作，创造一系列风险资本，创建创业型大学实体等（埃茨科维兹，2005）。在中国的国情下，政府作用的优化就和政府的现行政策和企业需要有关。

本节的内容主要讨论政府应支持什么样的企业，政府发挥作用的尺度以及科技园在政企关系中职能等问题。

对科技创新的发展支持上，政府的作用体现为政策的资金支持和环境营造。

考虑到优惠政策的边际效应，政府应更多地支持初创企业的发展，初创企业的困难大，也需要政府的政策支持；另一方面，初创企业的不确定性也大，信息也不完备，容易出现冒领政策的现象。如何平衡两者的关系，是政策的水平体现。不同阶段的企业的状况不同，需求也有所差别。对于初创期的企业，企业的财务较为紧张，对技术的开发和投入也是企业要紧迫解决的问题，企业更需要资金的支持。这时期，投资风险大，企业一般较难得到创投基金的支持，对这时期的企业，政府应侧重于对科技项目的资金支持，起一种种子基金的作用，以降低科技成果转化与创业的门槛。对于跨越发展初期，进入规模扩张的企业，固然企业也需要大量的产业发展资金，但由于企业发展态势良好，技术信息清晰，企业可更多地利用社会资源，政府的支持在于整合不同的社会资源，为企业的发展提供良好的环境。这样的社会资源，包括银行的信贷，土地、工程建设、合作和合资，等等。

就初创企业，或新的科技项目而言，政府要提供支持，如：研究项目资金，配套资金等，政府的工作是如何选择好的项目并给予支持；就发展中的企业而言，企业更多地需要环境，政府应营造良好的商业环境。一个好的项目未必有好的结果，取决于很多因素，需要整合多种资源，政府资源、产业资源、大学资源、研究资源、金融资源、中介机构、市场销售等，即通常人们所说的官、产、学、研、金、介、贸。企业能否发展，有时环境起决定作用。因此，对企业的发展而言，政府重在营造环境。

所以，政府的支持应更多的是雪中送炭，支持小企业，这也是世界上很多国家对小企业扶持的原因。如俄罗斯联邦通过《关于国家支持小企业联邦法》；美国国会制定的《小企业研究和发展促进法》（SBIR）等都对小企业有很多扶持；英国2000年4月1日起对利润不超过1万英镑的小公司，其法人税由20%降为10%，利润在1万～5万英镑的小公司法人税降为10%～20%（雷朝兹，2003）。而我国不少地区对小企业的支持不够，政策趋于支持大企业，对接受政府支持的企业设立了规模等门槛，似乎在锦上添花，实质上变成变相的税源争夺。

在世界各国的科技园建设中，我国的科技园建设有很强的政策色彩，这一点和日韩相似。欧美等国家对科技园基本上较为放任的自由竞争状态，而日本的政府在科技园的建设上发挥了主导作用。比较一下日本的建设经验和教训是有益的。日本的科技园是被当作促进地区新生的高技术聚集的核心，中央和地方政府不遗余力地推广。1990 年日本有 100 个科技园，到了 1998 年达到 158 个科技园，其中有 9 个科技园停止运作（Park，2000）。科技园的三大功能有支持研发和科技园内产业间的研发合作的中心，研发核心，民营企业的研发功能，以及商业合作、地区合作、培养高素质人才和改善公司形象等其他因素。以这四方面指标评价日本的企业，满分分别为 2 分、3 分、3 分、2 分，Masuda（1990）对 103 个科技园进行评价，有 2 个科技园是满分，即筑波科学城和关西科学城，也有 26 个科技园为零分。1998 年他再次做了研究，由于地方政府的阻力，他没有做出评价，因为一旦被评为低分，科技园将很难吸引投资和得到中央的支持。在 Park 的研究中，低于 5 分的是不合格的，这样仍有 19% 的科技园是不合格的。在分析科技园的失败原因时，Park 指出，主要的问题是：①受中央政府影响的计划。中央政府的政策没有将地方的特殊情况考虑在内。②土地销售的低效管理。很多私营企业在科技园的投资目的是期望土地的增值以用来投机；还有私营企业以研发的名义拿到地却用来做生产厂房。大部分土地为同一集团的公司购买。基于上述理由，只有 57 个科技园能将 50% 的土地用于研发用地。③人为的中心功能和科技园和大学间的低水平的合作。和美国的科技园不同，大多日本的科技园和大学联系不大。中央政府要求科技园建立公开实验室，孵化设施，提供研究交流和教育培训。要做好这些，中心的管理很重要。既要赢利，又要强化研发机构的合作，很多科技园并没有很多经验管好。④高素质的研发人员的缺乏。除了东京等大城市外，其他地区的科技园的研发人才缺乏，很难有创新。日本科技园的经验和教训是政策支持科技园，会造成一园独大的局面。和日本情况相似，Park（2000）也指出了韩国科技园的问题：

第一，科技园规模太大，投资大，时间长，机构臃肿与低效。

第二，在同时期建太多的科技园。2000 年 3 月，就有 19 个科技园同时建设。资源分散，不利于提高竞争力。

第三，雷同的战略产业和运营系统，大多集中在远程通讯、生物科技等，项目雷同，内耗也大。

第四，偏好大企业，忽视中小企业，大企业成效大，机会多，小企业机会少，违背了建设科技园以提高科技能力的初衷。

第五，管理能力缺乏。

我国没有关于科技园建设专门的评价结果，成功的经验较多，失败的教训由于时间短或者为尊者讳介绍的也少。不过，从日韩的科技园建设中的教训对我国的科技园建设也不无裨益。

值得借鉴的很多，笔者认为政府的关注在一定范围内是好事，超越了某个限度，就可能变为坏事。在科技创新活动中，政府是重要的，但是有限的；减少人为的合作，政府在于营造环境，而不在越俎代庖；区分各地特点建设和扶持相应的产业，减少雷同的战略发展计划。由于财政体制实施分税制，企业按注册地上交税费，地方按该地的税收情况与中央、省市分享税收，这就可能变为借科技园名义争抢税源。各地政府不顾条件，一哄而起，低水平重复建设，形成科技园园区的低水平的同态竞争，影响其运营的目标和效益。特别地，对创新性质不加区分，一概予以政府的政策支持，可能会造成企业以满足政府目标为其主要工作，有科技项目转化的形式，而没有科技创新和科技转化实质。当杂草生长茂盛时，稻谷生长就会受到压制，真正的科技项目就可能丧失发展的机会。

在与政府的关系中，科技园起沟通大学、企业、政府的桥梁作用。

人才资源是科技园建设中的重要要素。大学科技园应建在靠近大学的地方，靠近政府关注的地方。毕竟政府可影响大部分资源，政府关注的地方其政策集聚效应、人才效应、产业效应才会明显。

科技企业要得到政府的支持，须向不同的政府部门争取认可和支持。而政府的政策烦琐，要了解这些政策并不简单，即使了解政策，要获得支持也不容易。申请程序烦琐，和政府打交道的交易成本较高，政策的优惠效应可能会被交易成本所抵消。政府的政策支持就可能事倍功半。

比如，广州市 2008 年颁布了大力推进自主创新、加快高新技术产业发展的配套政策，共 25 项，相关部门有经济贸易委员会、教育局、科学技术局、公安局、财政人事局、劳动和社会保障局、国土资源和房屋管理局、对外贸易经济合作局、国有资产监督管理委员会、城市规划局、新闻出版和广播电视局（版权局）、工商行政管理局、质量技术监督局、知识产权局、外事办公室、金融服务办公室、信息化办公室、新技术产业开发区管委会、南沙开发区建设指挥部、国家税务局、地方税务局、海关、黄埔海关，21 个政府管理机构、2 个开发区、涉及 2 个海关，程序和内容相当烦琐。当然在全国来说，这还是好的，否则政府的政策不明，各自行文，企业就更会摸不着头脑。

大学拥有知识资源，政府拥有政策资源，企业拥有灵活的机制，科技园作为三者的纽带和桥梁，要成为衔接大学、政府、企业的综合平台。对地方而言，科技园可成为传输知识的重要渠道（Chen，2004）。对面向企业的服务而言，科技园可成立专门的申请政府项目的申报服务机构，以专门的人员统一收集各种政策，集中处理各种信息，帮助企业取得政府支持，减少企业对政策的盲区，减少企业和政府打交道的交易成本；对面向大学的服务而言，科技园应搭建交流的平台，建设不同形式的吧，使学校的科研和现实更为接近；对面向政府的服务而言，科技园应及时提供产学研的信息，提供高新技术发展的动态信息、向政府提供相应的政策建议，使政府了解企业、了解项目、了解技术，减少政策支持的误区。

第九章　大学科技园的再发展

9.1　中大创新谷的新模式

　　大学科技园的发展取决于大学知识创造体、企业的创新与发展、政府政策等各种要素的互动。无论是三螺旋模式，还是"吧"的形式，平台的搭建只是提供了一种硬件环境，或者说，提供不同要素交流和互动的一种可能。这种交流和互动的频率和深度、涉及的范围决定了创新和创造的能力。

　　交流和互动的实证研究有赖于新的硬件和大数据科学的发展。麻省理工学院人类动力学实验室主任、大数据科学家阿莱克斯．彭特兰（Alex Pentland）对社会网络行为研究中发现：关于创新和创造力，不是少数绝顶聪明的人才有产生伟大想法的魔力。最好的想法总是来源于仔细和持续的社会探索。最善于保持创造力和洞察力的人更像探索家，而不像是呆在实验室中围绕各种仪器的科学家。这些探索家也并不是到处寻找"最有创造力"或"最聪明"的想法，他们在寻找的是具有与众不同观念和想法的人。他们所做的是在寻找、收获、筛选和塑造想法，看似不正经的工作中得到最有价值的方案，这种做法有时候被称为"严肃的游戏"（Serious Play）。

　　社会互动催进了分享、创新和技术的应用。大数据分析工具的发展为验证这种模式提供了可能。一种新设计的社会计量标牌只要记录一个人走动多少、何时与谁通话、与别人面对面说话的频率和时间长度，就可以估计很多有关个人和社交效果的信息，如个人的性格特征、收入高低、两个人谈判的成败，甚至约会的成功概率，当然，对组织效能的估计更是有神奇效果了。

所以创造分享环境，鼓励密集的互动就能提高效率，就能创造知识。通过大数据分析，彭特兰教授发现并用数据验证：创造环境让员工在休息时间谈话聊天，提高了呼叫中心的每个工作团队的互动数量，就提高了该团队的工作效能，类似的实验也证明可以提高销售团队的业绩。

为此，彭特兰教授提出了一个公式：

团队外部的面对面探索模式＋团队内部的参与模式＝高创意团队

在内部交流方面，创造环境、管理互动就能增加组织效能。彭特兰教授团队甚至开发出一种"会议协调仪"（Meeting Mediator）专门管理会议中成员的互动。会议协调仪记录参会成员的发言互动情况，只有每个人积极参与的大量的密集的互动才是有效的，只要出现一言堂、个别人长篇大论、会议中少数几个麦霸的情况，会议协调仪就会发出警告。

"三个臭皮匠，顶个诸葛亮"。衡量一个团队的集体智能水平就看团队彼此之间的想法流的情况，成员彼此话题的理解以及话题转换的平等性决定了集体智能的水平。成员与外部广泛的交流，提供多种多样的想法，有了大量的想法，在内部进行密集的互动证实或证伪，形成共识，是优秀创意团队的典型特征。

创造良好的沟通环境，构建技术与应用交流网络、营造密集互动、平等交流的环境就能促进创新和创意，就能带动科技应用的发展。

2011 年 2 月，经中山大学批准成立，中山大学岭南学院名教授舒元创立了广东中大创业投资管理有限公司，旨在推进大学科技创新、中大校友与社会企业人士创新创业成果转化的创业投资管理有限公司。该公司创立之际一无雄厚的资本支持，二无技术储备，三无政府的政策支持，从零点起步，重点放在天使阶段的创意创业，搭建企业和高校创新创业的平台。舒元教授带领创业团队从创新文化建设开始，组织各种类型的密集互动的创新创业交流活动，开创了富有岭南特色的"吧"模式。各种不同的交流活动有：

每周一次创新开放日：开展项目路演，邀请创业者和投资人参加，由创业者展示自己的创业想法，近距离接触投资人，听取投资人的意见。

每周组织一次焖烧会：邀请专业人士对创业项目进行深度的观察、分析、解剖、打磨，汇聚多方意见，寻求共识。

每周组织众筹直通车活动：邀请创业者、投资人参加，线下深度对接，激发思想和资本的碰撞。

每月组织一次专案会：围绕一个较有前景的创业项目，为该项目进行量身定造，设计出其最合适的发展模式。

每季度召开一次打磨大会：对投资的项目进行纵深打磨，横向打磨；收集正反两方面看法，就产业链发展、横向比较等不同角度完善项目的发展策略和运营模式。

每周周末举行创新分享会（INNO Talk），请创新较为成功的人士或组织分享创新心得。

每周周末举行科技沙龙（SME-Talk），为科技工作人员提供交流互动的平台。

此外，还组织云珠沙龙，开展云珠沙龙、云珠风暴会、云珠创课、跨界创新大会等系列活动，打造中国创业沙龙第一品牌；广东有不少制造专业镇，专业镇的制造规模在全球都有很大的影响，每月组织技术直通车，走进珠三角制造专业镇，为传统企业技术转型升级搭建与专家交流的平台。

形形色色的活动、大会、论坛等的组织，搭建了技术、资本、管理的多角度、多维交流平台，激发了创意创新和创业要素之间的密集互动，以宽松、创新的文化引领，经过几年探索、创新和变革，中大创投管理有限公司逐步发展壮大，该企业及关联企业已发展成为"引领产业创新发展的科技产业创新集团"——中创集团。在科技产业创新方面，逐步发展形成了"科技金融＋创新生态＋产业集群"的新模式，中创集团专注于产业投资、产业孵化、产业运营、产业研究、产业教育，致力推动产业转型升级（见图 9-1）。

在引领科技成果转化方面，中大创新谷逐步成长、成熟，成为南中国科技成果转化平台建设的一张名片。

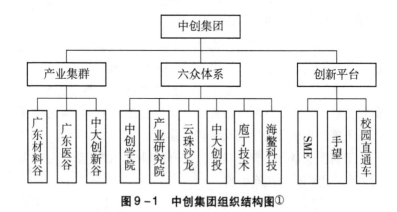

图 9-1　中创集团组织结构图①

————————

① http://www.zdvc.net/.

中创集团体系中的中大创新谷更是华南创新模式探索道路上的一颗明珠，是国内领先的科技产业创新中心，已经在全国不少地方生根发芽。中大创新谷创立于 2013 年，专注于专注于智能制造、医疗健康、新材料三大领域。该创新谷通过技术转移、科技金融、产融对接、创新人才等多个维度服务，支持创新企业成长，在一些细分领域投资和培育出行业领先的独角兽企业。

在探索出一条高效的运作模式后，短短几年，中大创新谷发展迅速，已落地广州、珠海、上海等多个城市，几个园区总面积已经超过 20 万平方米。几年来的发展历程[①]如下：

2015 年 2 月 11 日	广州市科技企业孵化器登记备案；
2015 年 11 月 10 日	省众创空间试点单位；
2015 年 12 月 2 日	国家级众创空间；
2016 年 5 月	广东省科技企业孵化器协会会员单位；
2016 年 7 月 20 日	海珠区科技企业孵化器认定；
2016 年 8 月 23 日	高成长性中小企业认定；
2016 年 9 月 18 日	广东省科技金融综合服务中心（中大创新谷）分中心；
2016 年 10 月 28 日	广东省众创空间专业委员会主任单位；
2017 年 7 月 20 日	2016 年度广州市科技企业孵化器绩效获得"优秀"，广州创业谷（中

---

① http://zdcxg.com/？page_id=22.

大创新谷）排名全市第十一，海珠
区第一；

2017 年 7 月 21 日　　广东省小型微型企业创业创新示范
基地；

2017 年 9 月　　　　中大创新谷·珠海被认定为"珠海
市创业孵化示范基地"。

　　作为创新源头，中大创新谷链接不同资源，成为创新创意
各种智力与知识资源的中间纽带（见图 9 - 2）。

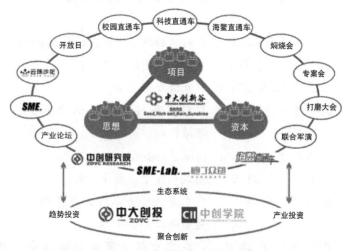

图 9 - 2　中大创新谷的创新生态①

　　不同于普通大学科技园的场地提供、物业管理，中大创新
谷重在创业辅导和天使投资，初始也没有什么物业的收入，靠

――――――――――

　　①　图片来自于中大创新谷网站。

内涵服务发展，闯出了一条新路子。概言之，中大创新谷的模式可以归结于创业教育、创业研究、创业孵化、创投基金的四位一体的创业生态的建设。创业教育就是项目孵化和人才培养相结合，创业研究就是创新与创业相结合，创业孵化就是线上与线下相结合，创投基金就是孵化与投资相结合。中大创新谷已经是涵括"孵化基地、产业基地、创投基金、众筹平台、技术平台及思想平台等在内，是个集教育培训、投融资、孵化、服务等于一体的协同与互助创业育成体系"①。

9.2 麻省理工学院的媒体实验室（The MIT Media Lab）

麻省理工学院的媒体实验室是一个跨学科、无疆界的产学研组织。成立于1985年的麻省理工学院的媒体实验室，由前麻省理工学院校长 Jerome B. Wiesner 及麻省理工学院教授尼古拉斯·尼葛洛庞帝（Nicholas Negroponte）共同创办。是一个致力于科学、媒体、技术、艺术和设计多学科融合，注重于人类感官、知觉、互动科技等整合交互作用的研究室，隶属于麻省理工学院建筑及规划学院，媒体实验室强调打破常规，将貌似毫不相干的研究领域交叉，激发出新的创意。其研究范围非常宽泛，是传媒技术、心理学、计算机、生物工作、纳米技术等不同技术的交叉融合，横跨人文科学、社会科学、医学、工程科学、物理学等多个领域，研究内容没有学科界限。

媒体实验室成立了众多研究小组，研究小组也丰富多样。

---

① 贺瑛、舒元、郑贵辉：《基于创新创业生态系统的构建》，载《华东经济管理》2016年第2期。

研究小组涉及近 500 个研究项目，范围极广，从数据科学到神经科学，从图像技术到行走助力系统，研究和发明多数集中在能够根本改变人类生活、学习、工作、媒介展示、娱乐等方面。根据 2019 年最新数据，麻省理工学院媒体实验室有以下研究小组①：

情感计算："帮助人们更好地沟通，理解和回应情感信息"

生物机电学："增强人体能力"

相机文化："捕捉和分享视觉信息"

智慧城市："设计动态的城市环境"

媒体与技术："促进公民参与和信息流动"

集体学习："团队，组织，城市和国家的学习方式"

自然信息解码："以微米和纳米级机电系统收集处理自然信息"

可穿戴设备："将信息和服务整合到我们的日常生活中"

人类动力学："社交网络如何影响我们的生活"

终身幼儿园："创造性的学习经历"

Mediated Matter："改变对象和系统的设计和构造"

分子机器："在分子级部件的复杂性极限下进行工程设计"

纳米计算："纳米计算设备和纳米 – 生物混合系统"

基于对象的媒体："新的传感和接口技术"

未来之歌："音乐创作，表演和乐器"

个人机器人："社交机器人"

---

① https://www.media.mit.edu/research/? filter = groups.

诗歌正义："通过艺术探索新的社会正义形式"

响应环境："设计大规模的社会系统"

可扩展的合作："重新构想社会组织，合作和管理的方式"

精细进化："探索进化和生态工程"

信号动力学："通过信号和网络扩展人类和计算机能力"

社交机器："构建机器，学习以类似人的方式使用语言"

空间技术："六中空间技术的开发应用"

合成神经生物学："人类，信息和环境之间的界面"

可接触媒体："无缝耦合物质世界和网络世界"

病毒传播："可扩展的系统，可以增强我们从真实空间中学习和体验的方式"

媒体实验室每年都有丰硕的专利等研究成果，有的研究成果貌似没有什么实际用处，但是非常有趣，有时候会应用在意想不到的场景中。

麻省理工学院媒体实验室规模并不大，目前有 30 多位教师和研究人员领导不同的项目，有 175 人为研究助理、访问学者、博士后和讲师，有 100 多人为教辅人员和管理服务人员。媒体实验室还担任培养人才的责任，招收媒体艺术和科学博士和硕士学位研究生，目前有 98 名博士生、92 名科学硕士学位，还为麻省理工学院其他学院 55 名研究生和 200 名本科生提供学习、研究实习机会，可谓人才培养、研究开发两不误。

麻省理工学院媒体实验室开创了教学、研究、服务产业的一种合作模式，主要由企业提供运作资金，研究内容不是固化在某些特定的专业。目前，该实验室主要依靠 80 多个外部资助合作组织的支持，不少组织是世界一流大型跨国企业或研究机构。这些单位每年为实验室提供了大约 8000 多万美元的运行费用。

这些资助组织来自不同国家、不同行业，如奔驰、日立、三星、BP、英特尔、美国运通、21 世纪福克斯、谷歌、思科、IBM、乐高、耐克、百事可乐、索尼、推特、波士顿咨询集团、哈佛医学院、美国军队、麦肯锡、麻省总医院、华为等。这些资助合作组织详细情况见附录。

对资助合作单位而言，支持媒体实验室，可以作为媒体实验室的联合研究实验室成员，在重要事务上发挥作用，媒体实验室也能完成靠单个企业无法完成的研究开发。作为联合研究实验室成员（Consortium Research Lab Members），所得到的好处是明显的：

（1）创新知识的转移。

（2）媒体实验室组织定期活动以及对企业的参访，加强了企业应用研究和实验室研究的密集互动交流。

（3）媒体实验室有动手能力，有研发经验，企业可以招收麻省理工学院一流的学生。

（4）跨公司合作的中介平台。

（5）强化产业链上下游在新产品新技术应用开发中的联系。

（6）媒体实验室每年都产生不少新的专利、新产品和新的创业公司，作为联合研究实验室成员，在会员资格期间，可以免费使用这些专利和技术。

麻省理工学院媒体实验室通过合作，取得了企业、科研、教学多方合作共赢的成就。从大学角度看，大学不但获得了企业的经费支持，和世界一流企业合作，大学研究人员跟踪了产业界应用研究的最前沿，每年都能出科研成果，这些科研成果后期开花结果，又支持了大学教学科研的发展。对学生而言，从项目合作中学习，改变了学习方式，改变了单纯从课本中学习的状况，按规定学科专业内容学习变成了按实际需要跨学科学习，从个人和教师简单的学与教变成了和同伴一起探索学习，从先学好再应用变成了边学边干，结合实践应用学习，大大提高了学习的热情和积极性，学生有了内在的学习驱动力，学习内容宽泛实用，有理论有实践。这样的培养方式下，学生分析实际问题、解决实践问题的能力也大大提高了。当然，媒体实验室的研究方向、人才培养受到资助单位的强大影响，笔者曾和麻省理工学院斯隆管理学院的教授就此问题做过交流，据了解，麻省理工学院内部也有不少教授对此有不同的看法。

图9-3　媒体实验室一角

麻省理工学院的媒体实验室创新了产学研组织形态、创新了研究与教学形式，通过大学和产业新的链接方式，形成了研究与应用密集互动，每年也结出了丰硕的成果，在不少技术领域领先于世界。比如：

电影图像技术、人工合成声音、比谷歌早很多年的动态地图，早于 Facebook 和 Twitter 的社交网络系统、玩具式学习工具：Lego 的可编程积木玩具、第一代数码电视、第一张彩色计算机编程的全息图、第一套实时可移动的合成全息系统、人体传感器、集体智能软件、能听能看的虚拟 3D 互动系统、高速互联网传输系统、情感感受和互动系统、数字化城市中心、电子油墨、可穿戴计算机设备、便携式激光投影仪，等等。

最近在人机工程方面也有不少进展，如人工关节、人工膝盖、电子神经控制系统，有助于治疗抑郁症患者、帕金森病等。

9.3 大学科技园的新发展

国家大学科技园是中国大学科技园的主力，代表了大学科技园的发展状况。自 2002 年第一批国家大学科技园认证开始，经过十几年的发展，到 2014 年已经经过第十批国家大学科技园认证，共有 115 家国家大学科技园通过认证。这 115 家国家大学科技园已经成为"具有较强科研实力的高校为依托，将其综合智力资源优势与其他社会优势资源相结合，为高校科技成果转化、高新技术企业孵化、创新创业人才培养、产学研结合提供支撑平台和服务的机构"[1]。国家支持大学科技园的发展，扶持政策也走向公开公平公正，每年审核大学科技园的运作情况，公布对大学科技园的政策优惠范围，2018 年就有 63 家大学科技园享受了税收优惠的政策，比 2017 年 71 家有所下降，政策扶持管理也走向了规范化。

---

[1] http://www.moe.gov.cn/jyb_xwfb/s5147/201709/t20170913_314364.html.

人才培养、科学研究、社会服务是大学的三项基本目标，在不同阶段，三项目标的权重也会有所变化，和社会需要、高校发展氛围等政策因素紧密相关。作为政府政策主导下的大学科技园，其发展也势必受到政治环境、经济发展等诸多宏观因素的影响。产学研合作与发展形态多样化，鼓励企业成为创新主体，"大众创业，万众创新"的兴起，政府对众创平台的扶持和鼓励等，科技园、创新园、众创平台等形式丰富了产学研的形式。大学科技园的发展也不仅仅是科技园公司的发展，学校的其他部门也在产学研科技成果转化中发挥重要作用，大学、产业、研发、政府的合作也在不同的层面上展开，形式多种多样，有的已经超出了原有科技园公司的范围，有些甚至超出了大学的产权管理范围，大学科技园的概念泛化，已经比原先科技园的范围广阔，似乎进入后大学科技园时代。但是，无论如何，这些变化，无疑都促进了产学研的发展，也促进了国民经济的发展。

以中山大学为例，2009年，中山大学与广州市政府合作，在南沙规划建设中山大学科技园南沙园区，该园区重点发展六大研发板块：新材料、生物医学工程技术、生物医药、高端新型电子信息、节能环保技术以及海洋技术创新[①]。这些合作，主要由以大学控股公司下的控股、参股企业为合作主体，在园区开展产学研的合作活动。

2011年中山大学科技园体制调整，中山大学和海珠区科技园企业终止了在中山大学科技园管理有限公司层面上的合作，中山大学科技园由中大全资企业中山大学科技园有限公司代表学校运作管理。到2018年，中山大学科技园出现新面貌，

---

① http://www.sysusp.com/spsite/c/site/overview.html.

已经发展成主园区（海珠园区）、大学城园区、南沙园区、深圳园区4个大园，形成了"一园多区"的发展格局。

中山大学科技园海珠园区（主孵化园区）由中山大学科技园一期、二期组成，位于中山大学南校区西门附近。海珠园区A、B座建筑面积共6.8万平方米，形成了比较完善的公共配套服务体系，园区重点发展放在电子信息及数字电视、生物医药、新材料及环保新能源等产业。中山大学科技园大学城园区由数字家庭产业园发展而来，位于广州大学城中部，建筑面积约2万平方米，划分为3C设备制造研发区、数字家庭软件研发区、SP内容服务及创意产业研发区，已建成公共实验平台、公共实验室、公共会议室等公共设施。中山大学科技园南沙园区由中山大学与广州市政府合作建立，由中大控股有限公司多家下属企业投资建设，总面积10.8万平方米。中山大学科技园深圳园区由中大控股企业深圳市中大产学研孵化基地有限公司管理和运营，位于深圳市虚拟大学园。园区总面积约3万平方米。该园区是中山大学在深圳进行学术交流、人才培养、产学研合作及转化的重要窗口。2008年规划的科技文化交流中心建成后已经改名为学人馆，成为大学科技文化交流服务接待的中心。2008年规划的其他几个园区因为产权与体制调整、大学规划改变等原因没有在大学科技园的框架下建设发展，个别园区仅仅停留在规划阶段。

2016年，中山大学和广州市海珠区合作共建中大国际创新谷，并列入海珠区十三五规划。2017年，根据双方签订的《共同推进中大国际创新谷启动园区建设合作框架协议》，已有几十个项目入园运作。中大国际创建谷①将按照多方参与、

---

① http://epaper.oeeee.com/epaper/G/html/2018-06/06/content_30927.htm.

创新引领、产业驱动、分步推进的模式建设。创建无边界科技创新区，建设国际科技创新枢纽的高端平台，包括有关键技术创新平台、技术转移和合作中心，成果孵化平台和海外高层次人才创新基地；产业方面聚焦于"专精特新"，发展重点主要在电子与通讯设备制造、软件信息服务技术、海洋生物医药3个支柱产业和与之配套的 N 个拓展产业的"3＋N 产业体系"，鼓励众创众包众筹分享经济新模式。该园区位于中心城区，面积较大，规划面积约 10 平方公里。无疑，这样的合作发展体量在地方经济发展中也举足轻重（见图 9－4），未来期望成为"推动区域创新联动发展的先行示范以及塑造城市更新和产业转型的形象典范"①。

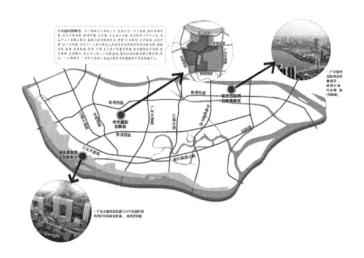

图 9－4 中大国际创新谷在地方经济发展中的重要位置②

① http://www.hzqws.gov.cn/zwgk/xxgkml/gtghj/201806/t20180606_513186.htm.

② 南方都市报：http://epaper.oeeee.com/epaper/G/html/2018－06/06/content_30927.htm.

　　几十年来，全国范围内多家大学科技园的发展在产学研结合方面积累了丰富的经验，不仅促进了产学研合作的发展，也为社会企业激发创新活力提供了新的模式。"大众创新万众创业"，鼓励创新不拘一格，社会创新的渠道和模式也越来越丰富多样。大学内部的研究院、参股和控股企业、合作单位等均为大学科技创新和成果转化提供了不同的路径。科技企业孵化器、众创空间等不同形式也为创新创业、科技成果转化提供了类似大学科技园的平台作用。政府对大学科技园的政策也从单纯大学科技转化的政策扶持转向了对全社会科技转化的扶持，这些扶持当然也包括大学科技园。2018 年 11 月财政部、国家税务总局、科技部、教育部联合发文，从 2019 年 1 月 1 日至 2021 年 12 月 31 日，对国家级、省级科技企业孵化器、大学科技园和国家备案众创空间给予税收优惠，即对其自用以及无偿或通过出租等方式提供给在孵对象使用的房产、土地，免征房产税和城镇土地使用税；对其向在孵对象提供孵化服务取得的收入，免征增值税。众创空间、科技企业孵化器也不乏大学的研究资源参与，一切为了经济发展，一切为了科技进步。在推进产学研合作、人才培养和科技研发方面，大学科技园除了本身取得了显著的成绩，发展出不同的管理经验和模式外，还为社会企业的科技研发与孵化、政府管理提供了宝贵的经验，促进了整个社会创新创业的共同繁荣。

第十章 结　　语

国务院在《国家中长期科学和技术发展规划纲要（2006—2020年）》中指出了深化科技体制改革的指导思想：以服务国家目标和调动广大科技人员的积极性和创造性为出发点，以促进全社会科技资源高效配置和综合集成为重点，以建立企业为主体、产学研结合的技术创新体系为突破口，全面推进中国特色国家创新体系建设，大幅度提高国家自主创新能力。

世界范围内的大规模协作改变了一切，开放、对等、共享与全球运作被称为21世纪最重要的商业法则。中国的大学科技园应以创建学习型组织为宗旨，建立交流与积累机制、创新与推广机制、修正与完善机制，以创新促发展，为中国从世界制造中心转变为世界技术中心、世界创新中心贡献一份力量。中国是世界制造中心，但还不是世界技术中心。如何将制造中心转变为技术中心、创新中心是整个国家经济转型的关键，对此，大学应承担更多的责任，大学的科技园更是责任重大。科技园应建立信息交流平台、科技成果转化与应用平台、公共服务平台，充分利用学校的知识资源优势，使大学产业成为科技信息汇集点，理论与实践互动的交汇地，使得企业分享学校的知识，应用其知识，反过来又为学校提供新的知识，形成产学研交互影响、共同促进的良性循环。大学的文化特质在于创新，企业的文化特质在于效益，大学科技园的优势在于利用学校的创新能力办企业，做好教师、学生、学院、社会、政府的联系和沟通的桥梁，汇集管理人才和技术人才，支持革新，引入社会资源扶持科研成果的转化，使企业成为真正的创新要素集聚点。建设学习型组织，科技园就要更为开放和包容，引入学习型文化，培养一线的创新人才，学会合作与协调，引进中介机构，整合技术、市场、人才、资本等不同资源，实现与社会企业、科研单位、科技人才共享与共赢。"世界是平的"，全球网络的高速发展使得国际性知识交流变得十分方便和容易，大学科技园更应面向全球，依托大学的国际交流平台和现代信息技术，和国际著名大学、研究机构和国际企业合作，充分利用国际科技资源，连接国际智力资源和国内制造资源，强强联合，优势互补，为建设创新型国家发挥重要作用。

大数据、智能制造、5G通讯、云计算的出现，跨界整合，不同技术不同领域的杂交共振，凯文·凯利说：未来20年最伟大的产品还没有被发明。人类进入一个创新创业的黄金时代。今天，全球经济走向一体化。面向新世纪，21世纪充满挑战，也充满机会。变化是永恒的，只有当企业的变革快于外部环境的变化时，企业才能生存与发展。社会内各种组织的发展也是同样的道理。

参考文献

一、英文类

Ambrosio, J. Incubators Nurture Start-Up Firms: Do Incubators Really Work? [J]. *Computerworld*, 1991, 25 (5): 105 – 106.

Apple, R. *Patenting University Research*. Harry Steenbock and the Wisconsin Alumni Research Foundation, 1989.

Arbonies, A. L. and Moso, M. Basque Country: The Knowledge Cluster [J]. *Journal of Knowledge Management*, 2002, 6 (4): 347 – 355.

Baptista, R. & Swann, G. M. P. Do Firms in Clusters Innovate More [J]. *Research Policy*, 1998, (27): 525 – 540.

Birley, S. The Role of Network in the Entrepreneurial Process [J]. *Journal of Business Venturing*, 1985, (1): 107 – 117.

Bower, D. J. Successful Joint Ventures in Science Parks [J]. *Long Range Planning*, 1993, 26 (6): 114 – 120.

Chen, S. A New Paradigm for Knowledge-based Competition: Creating and Industry Knowledge-sharing [J]. *Technology Analysis and Strategic Management*, 1997, 9 (4): 437 – 452.

Chen, S. , & Choi, C. J. Creating a Knowledge-based City: The Example of Hsinchu Science Park [J]. *Journal of Knowledge*

Management, 2004, 8: 5.

Chen, S. H. Global Production Networks and Information Technology: The Case of Taiwan [J]. *Industry and Innovation*, 2002, 9 (3): 249 – 267.

Chen, Chun-An. The Investigation for the Establishment of Science Parks: The Case of Taiwan [J]. *Journal of American Academy of Business*, 2006, 8 (1): 62.

Chen, C. N. , Tzeng, L. C. , & Tarn, D. C. How Companies Choose Scientific Parks: An Empirical Study in Taiwan [J]. *International Journal of Management*, 2004, 21 (9): 338.

Chien, Mei-tai. An Industrial Technique R&D Science-based Industrial Park: A Talk of the Analysis of Feasibility for Taiwan's Establishment of Regional Industrial Technique Research Center [J]. *Taiwan Economic Research Monthly*, 1992, 15 (11): 49 – 52.

Clark, B. R. *Creating Entrepreneurial Universities: Organizational Pathways of Transformation, Issues in Higher Education* [M]. Cambridge: Pergamon, 1998.

Cozzens, S. , Healey, P. Rip, A. and Ziman J. (eds.) *The Research System in Transition* [M]. Boston: Kluwer Academic Publishers, 1990.

Currie, J. *Science Parks in Britain—their Role for the Late* 1980s [M]. Cardiff: CSP Economic Publications, 1985.

Deeds, D. , Decarolis, D. L. and Coombs, J. E. The Determinants of Research Productivity in High Technology Ventures: An Empirical Analysis of New Biotechnology Firms [J]. *Journal of Business Venturing*, 2000, 15 (2): 211 – 229.

Etzkowitz, H. , & Leydesdorff, L. The Dynamics of Innovation:
From National Systems and "Mode 2" to a Triple Helix of U-
niversity-industry-government Relations [J]. *Research Poli-
cy*, 2000, 29: 109 – 123.

Etzkowitz, Henry. *MIT and the Rise of Entrepreneurial Science*
[M]. London: Routledge, 2002.

European Union. *Official Journal of the European Union* [M]. OJ
C186 – 51/52, 1990.

Felsenstein, D. University-Related Science Parks: "Seedbeds" or
"Enclaves" of Innovation? [J]. *Technovation*, 1994, 14
(2): 93 – 110.

Felsenstein, D. Book Review: Essay on Massey, D. et al, High
Tech Fantasies [J]. *Economic Geography*, 1994, 70 (1):
72 – 75.

Hansson, F. Science Parks as Knowledge Organizations: the "Ba"
in Action? [J]. *European Journal of Innovation Manage-
ment*, 2007, 10 (3): 348.

Gendron, G. The Great American Incubator. Description of New
Study That Examines Age, Income Level, Gender, and Ge-
ography of Entrepreneurs. Published April 1994. http: //
www. inc. com/magazine/19940401/2855. html

Gibbons, M. , Limoges, C. , Nowotny, H. , Schwartzman, S. ,
Scott, P. & Trow, M. The New Production of Knowledge:
the Dynamics of Science and Research in Contemporary Soci-
eties [M]. London: Sage Publications, 1994.

Grant, R. M. Prospering in Dynamically-Competitive Environ-
ments: Organizational Capacity as Knowledge Integration

[J]. *Organization Science*, 1996, 7 (4): 375 – 387.

Hansson, F., Husted, K. and Vestergaard, J. Second Generation Science Parks: from Structural Holes Jockeys to Social Capital Catalysts of the Knowledge Societies [J]. *Technovation*, 2005, 25 (9): 1039 – 49.

Hisrich, R. D. New Business Formation Through the Enterprise Development Center: A Model for New Venture Creation [J]. *IEEE Transactions on Engineering Management*, 1988, 35 (11): 222 – 231.

Hirst, P. *Associate Democracy: New Forms of Economic and Social Governance* [M]. Cambridge: Polity Press, 1994.

Jessop, B. *The Future of the Capitalist State* [M]. Cambridge: Polity Press, 2002.

Johannisson, B. Personal Networks in Emerging Knowledge-Based Firms: Spatial and Functional Patterns [J]. *Entrepreneurship and Regional Development*, 1998, 10: 297 – 312.

Kleine, S. & Rosenberg, N. An Overview of Innovation. In R. Landan & N. Rosenberg (Eds.) *The Positive Sum Strategy: Harnessing Technology for Economic Growth* [M]. Washington D. C.: National Academy Press, 1986.

Kodama, F. *Emerging Pattern of Innovation* [M]. Boston: Harvard Business School Press. 1991.

Krugman, P. What's New about the New Economic Geography? [J]. *Oxford Review Economic Policy*, 1998, 14 (2): 7 – 17.

Leydesdorff, L., and Etzkowitz, H. Emergence of a Triple Helix of University-Industry-Government Relations [J]. *Science and*

Public Policy, 1996, 23: 279 –286.

Leydesdorff, L. The Non-linear Dynamics of Sociological Reflections [J]. *International Sociology*, 1997, 12: 25 –45.

Liebeskind, J. P. Knowledge, Strategy, and the Theory of the Firm [J]. *Strategic Management Journal*, 1996, 17: 93 – 107.

Lindelöf, P. and Löfsten, H. Science Park Location and New Technology-based Firms in Sweden: Implications for Strategy and Performance [J]. *Small Business Economics*, 2003, 20: 245 –258.

Link, A. N. & Link, K. R. On the Growth of U. S. Science Parks [J]. *Journal of Technology Transfer*, 2003, 28 (1): 1.

Dahlstrand, L. A. & Klofsten, M. Growth and Innovation Support in Swedish Science Parks and Incubators. In Oakey, R. , During, W. and Kauser, S. (eds.) *New Technology-based Firms in the New Millennium*: Vol. II [M]. Cambridge: Pergamon, 2002.

Dahlstrand, L. A. Technology-based SMEs in the Goteborg Region: Their Origin and Interaction with Universities and Large Firms [J]. *Regional Studies*, 1999, 33: 379.

Lu, L. , & Etzkowitz, H. Strategic Challenges for Creating Knowledge-based Innovation in China: Transforming Triple Helix University-government-industry Relations [J]. *Journal of Technology Management in China*. Bradford: 2008, 3 (1): 5.

Lundvall, Bengt-Åke. Innovation as an Interactive Process: From

User-producer Interaction to the National System of Innovation. In Dosi, G. , Freeman, C. , Nelson, R. , Silverberg, G. and Soete, L. (Eds.) *Technical Change and Economic Theory* [M]. London: Pinter, 1988.

Ma, W. Y. A Research on Companies' Diversification and Nationalization in Science-based Industrial Park [J]. *Bank of Taiwan Quarterly*, 1995.

MacDonald, S. British Science Parks: Reflections on the Politics of High Technology [J]. *R&D Management*, 1987, 17 (1): 25 –37.

Marshall, A. Principles of Economics [M]. New York: MacMillan, 1920.

Massey, D. , Quintas, P. and Wield, D. *High-tech Fantasies: Science Parks in Society, Science and Space* [M]. London: Routledge, 1992.

Mathur, V. Human Capital-based Strategy for Regional Economic Development [J]. *Economic Development Quarterly*, 1999, 13 (3): 203 –216.

Masuda, S. *The Present Situation of Japanese Science Parks* [M]. Tokyo: Tokyo Institute of Technology, 1990.

Masuda, S. *The Facilities of Centers in Japanese Science Parks* [M]. Tokyo: Tokyo Institute of Technology, 1991.

Masuda, S. *The Present Situation of Japanese Science Parks* [M]. Tokyo: Tokyo Institute of Technology, 1998.

Menlo P. California Leading Research Institute SRI International Celebrates 60 Years of World-Changing Innovations [J]. *Business Wire*. New York: 2006.

Minguillo, D. and Thelwall, M. Research Excellence and University-Industry Collaboration in UK Science Parks [J]. *Research Evaluation*, 2015, 24: 181 – 196

Mønsted, M. *Strategic Networking in Small High Tech Firms* [M]. Copenhagen: Samfundslitteratur, 2003.

Nelson, R. R. (ed.) *National Innovation Systems: A Comparative Study* [M]. New York: Oxford University Press, 1993.

Nonaka. I. The Concept of BA: Building a foundation for knowledge creation [J]. *California Management Review*, 1998, 40 (3): 43 – 45.

Nonaka, I. A Dynamic Theory of Organizational Knowledge Creation [J]. *Organization Science*, 1994, 5.

Nonaka, I. , Toyama, R. and Konno, N. SECI, BA and Leadership: A Unified Model of Dynamic Knowledge Creation [J]. *Long Range Planning*, 2000, 33 (1): 5 – 34.

Nowonty, H. , Gibbons, M. and Scott, P. *Re-thinking Science. Knowledge and the Public in an Age of Uncertainty* [M]. Cambridge: Polity Press, 2001.

OECD. *The Knowledge-based Economy* [M]. Paris: OECD, 1996.

Peña, I. Intellectual Capital and Start-up Success [J]. *Journal of Intellectual Capital*, 2002, 3: 180 – 198.

Lindelöf, P. , & Löfsten, H. Environmental Hostility and Firm Behavior: An Empirical Examination of New Tech [J]. *Journal of Small Business Management*, 2006, 44, (3): 386

Lindelöf, P. & Löfsten, H. Science Park Location and New Technology-based Firms in Sweden: Implications for Strategy and Performance [J]. *Small Business Economics*, 2003, 20

(3): 245.

Lindelöf, P. & Löfsten, H. Proximity as a Resource Base for Competitive Advantage: University-Industry Link for Technology Transfer [J]. *Journal of Technology Transfer*, 2004, 29: 3 – 4.

Quintas, P. , Wield, D. and Massey, D. Academic-Industry Links and Innovation: Questioning the Science Park Model [J]. *Technovation*, 1992, 12 (3): 161 – 175

Ferguson, R. , & Olofsson, C. Science Parks and the Development of NTBFs: Location, Survival and Growth [J]. *Journal of Technology Transfer*, 2004, 29: 1.

Rip, A. & Van der Meulen, B. The Post-modern Research System [J]. *Science and Public Policy*, 1996, 23 (6): 343 – 352.

Park, S. C. Globalisation and Local Innovation System: The Implementation of Government Policies to the Formation of Science Parks in Japan and South Korea [J]. *Korea Observer: ProQuest Asian Business and Reference*, 2000, 31 (3): 407.

Santoro, M. D. & Gopalakrishnan, S. Relationship Dynamics Between University Research Centers and Industrial Firms: Their Impact on Technology Transfer Activities [J]. *Journal of Technology Transfer*, 2001, 26: 163 – 171.

Saxenian, A. Lessons from Silicon Valley [J]. *Technology Review*, 1994, 97 (5): 42 – 51.

Scheel, C. Knowledge Clusters of Technological Innovation Systems [J]. *Journal of Knowledge Management*, 2002, 6 (4): 356 – 367.

Siegel, D. S. , Westhead, P. and Wright, M. Science Parks and the Performance of New Technology-based Firms: A Review of Recent UK Evidence and an Agenda for Future Research [J]. *Small Business Economics*, 2003a, 20: 177 – 184.

Siegel, D. S. , Westhead, P. and Wright, M. Assessing the Impact of University Science Parks on Research Productivity: Exploratory Firm-level Evidence from the United Kingdom [J]. *Journal of Industrial Organization*, 2003b, 21 (9): 1357 – 1369.

Smith, K. New Directions in Research and Technology Policy: Identifying the Key Issues [J]. *STEP Report*. Oslo: The STEP Group, 1994, (1).

Staudt, E. , Bock, J. , & Muhlemeyer, P. Technology Centers and Science Parks: Agents or Competence Centers for Small Businesses? [J]. *International Journal of Technology Management*, 1994, 9 (2): 196 – 212.

Storey, D. J. & Tether, B. S. Public Policy Measures to Support New Technology-based Firms in the European Union [J]. *Research Policy*, 1998, 26: 1037 – 1057.

Westhead, P. and Storey, D. J. Links Between Higher Education Institutions and High Technology Firms [J]. Omega: *International Journal of Management Science* 1995, 23 (4): 345 – 360.

Westhead, P. R&D "Inputs" and "Outputs" of Technology-based Firms Located on and off Science Parks [J]. *R&D Management*, 1997, 27 (1): 45 – 62.

Vedovello, C. Science Parks and University-industry Interactions:

Geographical Proximity Between the Agents as a Driving Force [J]. *Technovation*, 1997, 17: 491 – 502.

Xue, L. Promoting industrial R&D and High-tech Development Through Science Parks: The Taiwan experience and Its Implications for Developing Countries [J]. *International Journal of Technology Management*, 1997, 13 (7): 744 – 761.

Zhang, Y. L., Cao, Y. H., Dong, J. L., & Cantwell, J. The Double-Edged Sword of Government Role in Innovation Systems: A Case Study in the Development of Policy-led University Science Parks in China [R]. 2017 IEEE Technology & Engineering Management Conference (TEMSCON), 2017.

Ziman, J. *Prometheus Bound: Science in a Dynamic Steady State* [M]. Cambridge: Cambridge University Press, 1994.

二、中文类

阿尔弗雷德·韦伯. 工业区位论 [M]. 北京：商务印书馆，1997.

阿莱克斯·彭特兰. 智慧社会 大数据与社会物理学 [M]. 杭州：浙江人民出版社，2015.

保罗·克鲁格曼. 地理与贸易 [M]. 北京：中国人民大学出版社，2000: 36.

陈何芳. 论日本高校的科学研究与科技园区建设 [J]. 高等教育管理，2008.

陈劲，张平，尹金荣，等. 中国大学科技园建园与运作模式的研究 [J]. 上海：研究与发展管理，2001 (6): 1 – 7.

陈谟开. 高等教育与科学研究生产劳动相结合新探 [M]. 长春：东北师范大学出版社，2000.

董维国，王玫，杨震. 苦练内功加速大学科技园的发展——2002 年国家大学科技园工作座谈会综述［J］. 北京：中国高等教育，2002（11）：38－39.

樊晨晨. 大学科技园在中国的崛起［J］. 北京：科研管理，2000（6）：101－106.

冯之竣. 知识经济与中国发展［M］. 北京：中共中央党校出版社，1998.

高洪深，等. 知识经济学教程［M］. 北京：中国人民大学出版，2002.

耿战修. 国家大学科技园的发展与面临的新挑战［J］. 中国科技产业，2008，3.

顾新，张义正. 大学科技园一创业板上市公司的孵化器［J］. 上海：研究与发展管理，2002（5）：64－67.

贺瑛，舒元. 基于创新创业生态系统的构建［J］. 华东经济管理. 2016（2）.

亨利·埃茨科维兹，周春彦. 区域创新发动者，不同三螺旋模式下的创业型大学［R］. 新加坡：第六届国际三螺旋大会主题论文，2007.

亨利·埃茨利威兹，周春彦. 三螺旋创新模式的理论探讨［J］. 东北大学学报：社会利学版，2008，10（4）.

亨利·埃茨利维兹. 三螺旋［M］. 周春彦译. 东方出版社，2005.

胡石明. 产学研一体化的永恒课题——大学科技园的理论与实践［J］. 长沙：湖湘论坛，2000（1）：52－54.

黄亲国. 大学科技园的组织特性及功能分析［J］. 研究和发展管理，2007（6）.

经济合作发展组织. 以知识为基础的经济［M］. 北京：机械工

业出版社，1997.

科技部、教育部. 国家大学科技园管理和认定办法. 2006.

科技部、教育部. 国家大学科技园"十五"发展规划纲要.
2001.

科技部、教育部. 国家大学科技园"十一五"发展规划纲要.
2006.

科技部、教育部. 国家大学科技园"十二五"发展规划纲要.
2011.

李华君. 韩国科技发展引擎——大德科技园发展的成功之道及
启示［J］. 中国高新区，2006（5）.

李平. 中国大学科技园发展模式的比较［J］. 北京：科学学研
究，1999（4）：90-95.

梁琦. 分工、专业化和集聚［J］. 管理科学学报，2006，9
（6）.

雷朝兹. 中外大学科技园建设与发展比较［J］. 中国科技产
业：国家大学科技园专刊，2003，10：16-21.

林烨. 国外大学科技园建园模式的借鉴与参考［J］. 中国科技
产业：国家大学科技园专刊，2003，10：120-122.

罗斯顿·拉卡卡. 经济发展中的企业孵化器［M］. 天津：天津
科技翻译出版公司，1997.

马风岭，夏卫东，张峰海. 科技企业孵化器理论与实务［M］.
北京：科学技术文献出版社，2008，7.

马兰，郭胜伟. 英国硅沼——剑桥科技园的发展与启示［J］.
科技进步与对策，2004，4.

迈克尔·波特. 国家竞争优势［M］. 北京：华夏出版社，
2002.

梅萌. 大学科技园的创新职能和孵化体系［J］. 求是杂志，

2002（8）：56 - 58.

倪卫红，董敏，胡汉辉．对区域性高新技术产业集聚规律的理论分析［J］．中国软科学，2003，11.

潘忠志，高闯，赵晶．硅谷创新集群的演进机理及其信息体制选择［J］．商业研究，2008（2）.

齐园．中关村科技园区产业集聚形成模式研究［J］．改革与战略，2007（S1）.

唐礼智．硅谷模式的模仿与创新——以新竹和班加罗尔为例［J］．城市问题，2007（10）.

唐良智．大学科技园的功能作用及发展实践，［J］．科技进步与对策，2002（5）：54 - 56.

田明，曹兆敏．麻省理工学院技术转移经验及借鉴［J］．中国高校科技与产业化，2007，（1 - 2）：75 - 79.

肖冰．东湖模式——武汉东湖大学科技园发展透视［J］．中国高新区，2003（10）.

徐井宏，梅萌．知识经济的加速器——清华大学科技园的理念和发展战略［J］．清华大学学报，2003（4）.

徐井宏．试论大学科技园的发展战略［J］．清华大学学报，2003（1）.

徐小钦，陶星洁，王永宁．基于层次分析法和动态聚类法的大学科技园评价［J］．重庆大学学报，2004（12）：152 - 155.

杨震宁，吕萍，王以华．中国科技园绩效评估：基于企业需求的视角［J］．科学学研究，2007（10）：864 - 869.

曾建国，唐金生．斯坦福研究园与新竹科技园发展模式之比较［J］．南华大学学报（社会科学版），2006（7）.

周春彦，亨利·埃茨利威兹．双三螺旋：创新与可持续发展

[J]. 东北大学学报：社会科学版. 2006，8（3）：170 - 174.

周济. 高举旗帜 改革创新 实现大学科技园快速健康持续发展[J]. 中国高等教育，2003（23）.

三、网站

[1] http：//epaper. oeeee. com/epaper/G/html/2018 - 06/06/content_30927. htm.

[2] http：//www. astonsciencepark. co. uk/.

[3] http：//www. china-cbn. com/s/n/015/20070315/000000059423. shtml.

[4] http：//www. cambridge-science-park. com/.

[5] http：//www. cambridgesciencepark. co. uk/about/9/history-early-years.

[6] http：//www. china-hit. com/.

[7] http：//cy. fudan. edu. cn/index. jsp.

[8] http：//www. gdstc. gov. cn/main/cxzt_dxkjy. html.

[9] http：//www. gzkj. gov. cn/fagui/index. jsp.

[10] http：//www. inex. org. uk/.

[11] https：//www. media. mit. edu/research/？ filter = groups.

[12] http：//www. hzqws. gov. cn/zwgk/xxg*kml*/gtghj/201806/t20180606_513186. html.

[13] http：//www. moe. edu. cn/.

[14] http：//www. moe. gov. cn/jyb_xwfb/s5147/201709/t20170913_314364. html.

[15] http：//www. most. gov. cn/kjgh/.

[16] http：//www. most. gov. cn/gxjscykfq/index. htm.

[17] http://www. nbia. org/.

[18] http://www. njgl. gov. cn/art/2009/3/2/art_11131_128360. html.

[19] http://www. rtp. org/main/index. php? pid = 151&sec = 1.

[20] http://www. sina. net.

[21] http://www. sipac. gov. cn/.

[22] http://www. stonecreekllc. com/science-technology-parks. html.

[23] http://www. sri. com/.

[24] http://www. sts. org. cn/sjkl/gjscy/data2008/data08. htm.

[25] http://www. sustp. shu. edu. cn/index. asp.

[26] http://www. sysu. edu. cn/2003/xxgk/xxgk. htm.

[27] http://www. sysusp. com/spsite/c/site/overview. html.

[28] http://www. tt91. com/overseas/wenzhang_detail. asp? ID = 128466&sPage = 3.

[29] http://www. ukbi. co. uk/.

[30] http://www. ukspa. org. uk/information.

[31] http://www. zdvc. net/.

[32] http://www. zgc. gov. cn/zctd/.

[33] http://www. zgc. gov. cn/zctd/cyzc_1/xyzc/.

[34] http://www. zgc. gov. cn/zctd/trzzc/qycytz/.

[35] http://www. zsusp. com/main/policy/policyList. aspx? typeId = 18&typeName = 国家政策.

附　　录

附录一
《国家大学科技园认定和管理办法》
关于国家大学科技园认定的规定

　　科技部、教育部 2006 年颁布的《国家大学科技园认定和管理办法》指出，国家大学科技园是以具有较强科研实力的大学为依托，将大学的综合智力资源优势与其他社会优势资源相结合，为高等学校科技成果转化、高新技术企业孵化、创新创业人才培养、产学研结合提供支撑的平台和服务的机构，并规定申请认定国家大学科技园必须满足以下条件：1. 具有完整的发展规划，发展方向明确，实际运营时间在 2 年以上，经营状况良好；2. 必须有具备独立法人资格的专业化管理机构；3. 具有边界清晰、相对集中、法律关系明确、可自主支配的园区建筑面积 15000 平方米以上，其中孵化场地面积 10000 平方米以上；4. 地方政府和依托高校应有支持大学科技园发展的具体政策，高校资源向大学科技园开放；5. 大学科技园 50% 以上的企业在技术、成果、人才方面与依托高校有实质性关联；6. 机构设置合理，有专门的经营管理团队，管理人员中本科以上学历占 85% 以上；7. 服务设施齐备，功能完善，可为企业提供商务、融资、信息、咨询、市场、交流、国际合作等多方面的服务；8. 管理规范，具有严格的财务管理制度，自身及在孵、在园企业的统计数据齐全；9. 园内的在孵企业达 50 家以上；10. 为社会提供 1000 个以上的就业机会；11. 与创业投资、风险投资、担保机构等建立合作关系。

附录二
国家大学科技园关于入园孵化企业的规定

国家大学科技园的孵化企业应具备以下条件：

1. 企业注册地及工作场所必须在大学科技园的工作场地内。

2. 属新注册企业或申请进入大学科技园前企业成立时间一般不超过 3 年。

3. 企业在大学科技园孵化的时间一般不超过 3 年。

4. 企业注册资金一般不超过 500 万元。

5. 迁入的企业，上年营业收入一般不超过 200 万元。

6. 企业租用大学科技园孵化场地面积不高于 1000 平方米。

7. 企业负责人应熟悉本企业产品的研究、开发。

附录三
国家大学科技园名单（2001—2014 年）

表1 2001 年首批国家大学科技园名单

序号	所在地	国家大学科技园名称	依托单位
1	北京	清华大学国家大学科技园	清华大学
2	北京	北京大学国家大学科技园	北京大学
3	天津	天津大学国家大学科技园	天津大学
4	沈阳	东北大学国家大学科技园	东北大学
5	哈尔滨	哈尔滨工业大学国家大学科技园	哈尔滨工业大学
6	上海	上海交通大学国家大学科技园	上海交通大学
7	上海	复旦大学国家大学科技园	复旦大学
8	南京	东南大学国家大学科技园	东南大学
9	南京	南京大学鼓楼高校国家大学科技园	南京大学、河海大学、中国药科大学等
10	杭州	浙江大学国家大学科技园	浙江大学
11	合肥	合肥国家大学科技园	中国科技大学、合肥工业大学、安徽大学等
12	济南	山东大学国家大学科技园	山东大学
13	武汉	东湖高新区国家大学科技园	华中科技大学、武汉大学、华中农业大学、武汉理工大学等

续表1

序号	所在地	国家大学科技园名称	依托单位
14	长沙	岳麓山国家大学科技园	中南大学、湖南大学、国防科技大学等
15	广州	华南理工大学国家大学科技园	华南理工大学
16	成都	四川大学国家大学科技园	四川大学
17	成都	电子科技大学国家大学科技园	电子科技大学
18	重庆	重庆大学国家大学科技园	重庆大学
19	昆明	云南省国家大学科技园	云南大学、昆明工业大学、云南农业大学等
20	西安	西安交通大学国家大学科技园	西安交通大学
21	西安	西北工业大学国家大学科技园	西北工业大学
22	杨凌	西北农林科技大学国家大学科技园	西北农林科技大学
23	绵阳	西南科技大学国家大学科技园（筹）	西南科技大学

表2　2003年第二批认定的国家大学科技园名单

序号	所在地	国家大学科技园名称	依托单位
1	深圳	深圳虚拟大学园国家大学科技园	深圳市高新区
2	上海	上海大学国家大学科技园	上海大学
3	天津	南开大学国家大学科技园	南开大学

续表2

序号	所在地	国家大学科技园名称	依托单位
4	上海	同济大学国家大学科技园	同济大学
5	秦皇岛	燕山大学国家大学科技园	燕山大学
6	南京	南京理工大学国家大学科技园	南京理工大学
7	哈尔滨	哈尔滨工程大学国家大学科技园	哈尔滨工程大学
8	上海	东华大学国家大学科技园	东华大学
9	北京	北京航空航天大学国家大学科技园	北京航空航天大学
10	长春	吉林大学国家大学科技园	吉林大学
11	北京	北京理工大学国家大学科技园	北京理工大学
12	北京	北京邮电大学国家大学科技园	北京邮电大学
13	北京	北师大—北中医国家大学科技园	北京师范大学、北京中医药大学
14	绵阳	西南科技大学国家大学科技园	西南科技大学

表3　2004年第三批国家大学科技园名单

序号	所在地	国家大学科技园名称	依托单位
1	大连	大连理工大学—七贤岭国家大学科技园	大连理工大学、大连海事大学、大连医科大学、大连水产学院、东北财经大学、中科院大连化学物理研究所

续表3

序号	所在地	国家大学科技园名称	依托单位
2	南昌	南昌大学国家大学科技园	南昌大学
3	北京	北京化工大学国家大学科技园	北京化工大学
4	兰州	兰州大学国家大学科技园	兰州大学
5	重庆	重庆市北碚国家大学科技园	西南师范大学、西南农业大学、北碚区人民政府
6	郑州	河南省国家大学科技园	郑州大学、河南农业大学、河南工业大学、郑州轻工业学院

表4　2005年认定国家大学科技园名单

序号	所在地	国家大学科技园名称	依托单位
1	北京	北京科技大学国家大学科技园	北京科技大学
2	北京	北京工业大学国家大学科技园	北京工业大学
3	上海	华东理工大学国家大学科技园	华东理工大学
4	浙江	浙江省国家大学科技园	浙江工业大学、浙江理工大学、中国计量学院
5	福建	厦门大学国家大学科技园	厦门大学
6	山东	中国石油大学国家大学科技园	中国石油大学

续表4

序号	所在地	国家大学科技园名称	依托单位
7	四川	西南交通大学国家大学科技园	西南交通大学
8	新疆	新疆大学国家大学科技园	新疆大学、新疆农业大学、新疆医科大学

表5　2006年认定国家大学科技园名单

序号	所在地	国家大学科技园名称	依托单位
1	北京	中国农业大学国家大学科技园	中国农业大学
2	北京	华北电力大学国家大学科技园	华北电力大学
3	北京	北京交通大学国家大学科技园	北京交通大学
4	天津	河北工业大学国家大学科技园	河北工业大学
5	辽宁	沈阳工业大学国家大学科技园	沈阳工业大学
6	上海	华东师范大学国家大学科技园	华东师范大学
7	上海	上海理工大学国家大学科技园	上海理工大学
8	江苏	中国矿业大学国家大学科技园	中国矿业大学
9	江苏	江南大学国家大学科技园	江南大学
10	广东	中山大学国家大学科技园	中山大学
11	陕西	西安电子科技大学国家大学科技园	西安电子科技大学
12	甘肃	兰州交通大学国家大学科技园	兰州交通大学

表6　2008年认定国家大学科技园名单

序号	所在地	国家大学科技园名称	依托单位
1	北京	中国人民大学国家大学科技园	中国人民大学

续表6

序号	所在地	国家大学科技园名称	依托单位
2	太原	山西中北大学国家大学科技园	中北大学
3	哈尔滨	哈尔滨理工大学国家大学科技园	哈尔滨理工大学
4	上海	上海财经大学国家大学科技园	上海财经大学
5	上海	上海电力学院国家大学科技园	上海电力学院
6	南京	南京工业大学国家大学科技园	南京工业大学
7	常州	常州市国家大学科技园	常州市科教城管委会、武进高新区管委会、中国科学院常州先进制造技术研发与产业化中心、南京大学常州高新技术研究院、东南大学常州研究院、江苏工业学院等常州本地若干高校

表7　2009年第三批国家大学科技园名单

序号	所在地	国家大学科技园名称	依托单位
1	大庆	东北石油大学国家大学科技园	东北石油大学
2	苏州	苏州大学国家大学科技园	苏州大学
3	镇江	镇江国家大学科技园	江苏大学、江苏科技大学

续表7

序号	所在地	国家大学科技园名称	依托单位
4	武汉	华中科技大学国家大学科技园	华中科技大学
5	昆明	昆明理工大学国家大学科技园	昆明理工大学
6	兰州	兰州理工大学国家大学科技园	兰州理工大学
7	宁波	宁波市国家大学科技园	宁波大学、宁波工程学院

表8　2010年认定国家大学科技园名单

序号	所在地	国家大学科技园名称	依托单位
1	长沙	湖南大学国家大学科技园	湖南大学
2	青岛	青岛国家大学科技园	中国海洋大学
3	北京	中国矿业大学（北京）国家大学科技园	中国矿业大学（北京）
4	武汉	武汉大学国家大学科技园	武汉大学
5	阜新	辽宁工程技术大学国家大学科技园	辽宁工程技术大学
6	常熟	常熟国家大学科技园	东南大学、南京师范大学、常熟理工学院
7	杭州	中国美术学院国家大学科技园	中国美术学院
8	上海	上海工程技术大学国家大学科技园	上海工程技术大学
9	苏州	苏州纳米技术国家大学科技园	——

续表8

序号	所在地	国家大学科技园名称	依托单位
10	鞍山	辽宁科技大学国家大学科技园	辽宁科技大学

表9　2012年认定国家大学科技园名单

序号	所在地	国家大学科技园名称	依托单位
1	长春	长春理工大学国家大学科技园	长春理工大学
2	吉林	东北电力大学国家大学科技园	东北电力大学
3	大连	大连交通大学国家大学科技园	大连交通大学
4	青岛	山东科技大学国家大学科技园	山东科技大学
5	南昌	江西师范大学国家大学科技园	江西师范大学
6	上海	上海海洋大学国家大学科技园	上海海洋大学
7	上海	上海体育学院国家大学科技园	上海体育学院
8	温州	温州市国家大学科技园	温州医科大学、温州大学
9	成都	西南石油大学国家大学科技园	西南石油大学

表10　2014认定国家大学科技园名单

序号	所在地	国家大学科技园名称	依托单位
1	北京	北京林业大学国家大学科技园	北京林业大学
2	保定	保定国家大学科技园	华北电力大学、河北大学、河北农业大学等
3	哈尔滨	东北农业大学国家大学科技园	东北农业大学
4	南京	南京邮电大学国家大学科技园	南京邮电大学
5	南通	南通大学国家大学科技园	南通大学
6	无锡	无锡传感网国家大学科技园	——
7	淮安	淮安市国家大学科技园	淮阴工学院
8	杭州	中国计量大学国家大学科技园	中国计量大学
9	福州	福州大学国家大学科技园	福州大学
10	南昌	南昌工程学院国家大学科技园	南昌工程学院
11	青岛	青岛科大都市国家大学科技园	青岛科技大学
12	洛阳	洛阳国家大学科技园	河南科技大学、洛阳师范学院、洛阳理工学院
13	石河子	石河子兵团国家大学科技园	石河子大学
14	桂林	桂林国家大学科技园	桂林电子科技大学

续表10

序号	所在地	国家大学科技园名称	依托单位
15	贵阳	贵州大学国家大学科技园	贵州大学
16	贵阳	贵州师范大学国家大学科技园	贵州师范大学
17	呼和浩特	内蒙古自治区国家大学科技园	新城区、内蒙古大学、内蒙古农业大学、内蒙古工业大学等
18	西宁	青海大学国家大学科技园	青海大学
19	银川	宁夏大学国家大学科技园	宁夏大学
20	海口	海南师范大学国家大学科技园	海南师范大学
21	三亚	琼州学院国家大学科技园	琼州学院

附录四
2017 年度通过有关税收优惠政策审核的
国家大学科技园及范围面积[①]

序号	所在地	单位名称（运营公司名称）	科技园孵化场地地址和范围、面积
1	北京市	北京交通大学国家大学科技园（北京交大铁科科技园有限公司）	北京市海淀区高粱桥斜街 44 号一区 89 号科教楼，全部。孵化总面积：15296.8m²
2		北航国家大学科技园（北京北航科技园有限公司）	1. 世宁大厦（北京市海淀区学院路 35 号）；2. 柏彦大厦（北京市海淀区北四环中路 238 号）；3. 唯实大厦（北京市海淀区学院路 39 号）；4. 致真大厦（北京市海淀区知春路 7 号）。孵化总面积：27154.23 m²
3		北京林业大学科技园（北京北林科技园有限公司）	北京市海淀区清华东路 35 号北京林业大学学研中心。孵化总面积：36824.79m²

---

① http://www. most. gov. cn/mostinfo/xinxifenlei/fgzc/gfxwj/gfxwj2018/201812/t20181229_144400. htm.

续上表

序号	所在地	单位名称（运营公司名称）	科技园孵化场地地址和范围、面积
4	北京市	中国农业大学国家大学科技园（北京建设大学）	北京市海淀区天秀路 10 号北京建设大学。孵化总面积：18159m²
5		北京化工大学国家大学科技园（北京北化大科技园有限公司）	北京市海淀区紫竹院路 98 号；北京市昌平区超前路 35 号。孵化总面积：16203m²
6		中国矿业大学（北京）国家大学科技园（北京矿大能源安全科技有限公司）	北京市海淀区清华东路 16 号 3 号楼（中关村能源与安全科技园）。孵化总面积：17286.16m²
7		华北电力大学国家大学科技园（北京华电天德科技园有限公司）	北京市昌平区北农路 2 号华北电力大学主楼 D 座、行政楼。孵化总面积：8806.81m²
8		北京科大国家大学科技园（北京科大科技园有限公司）	北京市海淀区学院路 30 号方兴大厦。孵化总面积：14519m²
9	河北省	河北工业大学国家大学科技园（天津河北工业大学科技园发展有限公司）	河北工业大学北辰校区向东 200 米（河北工业大学国家大学科技园北辰园区）。孵化总面积：27700m²

续上表

序号	所在地	单位名称（运营公司名称）	科技园孵化场地地址和范围、面积
10	福建省	厦门大学国家大学科技园（厦门大学国家大学科技园有限公司）	厦门市软件园二期望海路39号楼（1—5层）；厦门市曾厝垵社区朝日厂房。孵化总面积：17158m²
11		福州大学国家大学科技园（福州福大科技园管理有限公司）	福州市鼓楼区工业路523号福州大学1—4号创业楼。孵化总面积：15213m²
12	安徽省	合肥国家大学科技园（合肥国家大学科技园发展有限责任公司）	安徽省合肥市黄山路602号合肥国家大学科技园创业孵化中心。孵化总面积：21300m²
13	海南省	海南师范大学科技园（海南师范大学科技园管理有限公司）	海南省海口市龙昆南路99号海南师范大学实验楼；海口市桂林洋大学城海涛大道海南师范大学国家大学科技园。孵化总面积：22000m²
14	湖南省	湖南大学国家大学科技园（湖南大学科技园有限公司）	长沙市高新区谷苑路186号。孵化总面积：34464.36m²

续上表

序号	所在地	单位名称（运营公司名称）	科技园孵化场地地址和范围、面积
15	湖南省	岳麓山国家大学科技园（长沙高新开发区岳麓山大学科技园科技服务有限公司）	1. 延农创业基地（地址：长沙高新区麓泉路和麓松路交汇处西南角）；2. 固特邦基地（地址：长沙高新区麓云路18号）；3. 航天亚卫基地（地址：长沙高新区汇达路68号）。孵化总面积：32447m²
16	湖北省	华中科技大学国家大学科技园（武汉华工大学科技园发展有限公司）	湖北省武汉市东湖高新区华中科技大学科技园。孵化总面积：38773.13 m²
17	湖北省	武汉大学国家大学科技园（武汉武大科技园有限公司）	武汉东湖新技术开发区武汉大学科技园。孵化总面积：58465.75m²
18		东湖高新区国家大学科技园（武汉东湖高新区大学科技园有限公司）	长城创新科技园内1号厂房、产业中心大楼和创业公寓1号楼。孵化总面积：29692.67m²
19	四川省	西南科技大学国家大学科技园（绵阳西南科技大学国家大学科技园有限公司）	四川省绵阳市涪城区青龙大道中段59号/绵阳市培城区沿江西街3号。孵化总面积：23200.9 m²

续上表

序号	所在地	单位名称（运营公司名称）	科技园孵化场地地址和范围、面积
20	四川省	西南交通大学国家大学科技园（成都西南交大科技园管理有限责任公司）	成都市二环路北一段111号西南交通大学创新大厦。孵化总面积：20319m^2
21		西南石油大学国家大学科技园（成都西南石油大学科技园发展有限公司）	西南石油大学科技园大厦、西南石油大学逸夫楼六楼。孵化总面积：21000m^2
22	贵州省	贵州师范大学科技园（贵州师范大学科技园管理有限责任公司）	贵阳市白云区白云北路36号、贵阳市贵安新区大学城贵州师范大学花溪校区科技园（贵州师范大学白云校区第三教学楼、高新区大学生创业园A栋、B栋、贵州师范大学花溪校区御物楼A区）。孵化总面积：18273m^2
23	江西省	南昌大学国家大学科技园（南昌大学科技园发展有限公司）	江西省南昌市高新大道589号。孵化总面积：31980m^2
24		江西师范大学国家大学科技园（江西师大科技园发展有限公司）	江西省南昌市北京西路437号江西师范大学青山湖校区（化学馆、王字楼、物理楼）；江西省南昌市紫阳大道99号江西师范大学瑶湖校区音乐艺术广场瑶湖众创空间。孵化总面积：23600m^2

续上表

序号	所在地	单位名称（运营公司名称）	科技园孵化场地地址和范围、面积
25	吉林省	吉林大学科技园（吉林大学科技园发展中心）	长春市高新区蔚山路 2499 号吉林大学科技园。孵化总面积：18600 m²
26		长春理工大学科技园（长春理工大学科技园发展中心）	长春市卫星路 7186 号、长春理工大学科技大厦；长春高新技术产业开发区锦湖大路 1357 号、创新大厦。孵化总面积：16500m²
27		东北电力大学科技园（东北电力大学科技园）	A 区：吉林市高新区创业园 E 座三楼；B 区：吉林市高新区 2 号路 9 号。孵化总面积：18000 m²
28	黑龙江省	哈尔滨工业大学国家大学科技园（哈尔滨工业大学国家大学科技园发展有限公司）	哈尔滨市南岗区邮政街 434 号；哈尔滨市南岗区复兴街 16 号。孵化总面积：21615m²
29		哈尔滨工程大学国家大学科技园（哈尔滨工程大学科技园发展有限公司）	哈尔滨市南岗区南通大街 258 号船舶大厦 KL 栋。孵化总面积：17898.01m²
30		哈尔滨理工大学国家大学科技园（哈尔滨理工大学科技园发展有限公司）	哈尔滨市学府路 52 号理工大厦、七号楼、三大动力路东区工字楼、康安二道街北区等四区。孵化总面积：21000m²

续上表

序号	所在地	单位名称（运营公司名称）	科技园孵化场地地址和范围、面积
31	黑龙江省	东北农业大学科技园（黑龙江东北农大科技园有限公司）	哈尔滨市香坊区木材街59号、哈尔滨市香坊区公滨路201号。孵化总面积：17172.9m²
32		东北石油大学国家大学科技园（黑龙江省东北石油大学科技园发展有限公司）	黑龙江省大庆市高新区火炬新街32号新兴产业孵化器1号楼。孵化总面积：37500m²
33	上海市	同济大学国家大学科技园（上海同济科技园有限公司）	国康路86、88、92、96、98、100号；中山北二路1121号。孵化总面积：19969.5m²
34		上海工程技术大学国家大学科技园（上海工程技术大学科技园发展有限公司）	仙霞路350号。孵化总面积：22682m²
35		上海大学国家大学科技园（上海大学科技园区有限公司）	延长路149号；广中路805、851号。孵化总面积：16818m²
36		华东师范大学国家大学科技园（上海华东师大科技园管理有限公司）	金沙江路1006号（扩建中）；中山北路3663号358幢。孵化总面积：15900m²
37		复旦大学国家大学科技园（上海复旦科技园股份有限公司）	国泰路11号、127号；松花江路2539号1—3号楼。孵化总面积：73000m²

续上表

序号	所在地	单位名称（运营公司名称）	科技园孵化场地地址和范围、面积
38	上海市	华东理工大学国家大学科技园（上海华东理工科技园有限公司）	华泾路 1305 弄；凌云路 388—400 号；嘉川路 245 号。孵化总面积：46000m²
39		上海理工大学国家大学科技园（上海理工科技园有限公司）	翔殷路 128 号。孵化总面积：37118m²
40		上海交通大学国家大学科技园（上海交大科技园有限公司）	虹桥路 333 号；乐山路 33 号。孵化总面积：33574m²
41	浙江省	浙江大学国家大学科技园（浙江大学科技园发展有限公司）	浙江省杭州市西湖区西溪路 525 号。孵化总面积：20156.32m²
42		中国美术学院国家大学科技园（杭州之江创意园开发有限公司）	浙江省杭州市西湖区转塘街道双流 643 号。孵化总面积：35000m²
43		浙江省国家大学科技园（浙江高校科技园发展有限公司）	浙江省杭州市江干区九环路 9 号、九盛路 9 号。孵化总面积：18000m²
44		中国计量大学国家大学科技园（杭州嘉量科技企业管理有限公司）	浙江省杭州市经济技术开发区 8 号大街 1 号中策园和学源街 258 号中国计量大学现代科技学院（逸夫科技楼）及中国计量大学东区生活区。孵化总面积：20073.6m²

续上表

序号	所在地	单位名称（运营公司名称）	科技园孵化场地地址和范围、面积
45	江苏省	南京理工大学国家大学科技园（南京理工科技园股份有限公司）	南京市光华路 129 号（原光华路 1 号），玄武区孝陵卫街 200 号，光华路 127 号。孵化总面积：45165m²
46		东南大学国家大学科技园（江苏东大科技园发展有限公司）	长江后街园区：江苏省南京市玄武区长江后街 6 号（东抵东箭道，西至长江后街 5 号小区，南临长江后街，北接珠江路）；栖霞园区：江苏省南京市栖霞区和燕路 371 号。（东抵和燕路晓庄广场，西至南京卫校北门，南临幕府东路，北接南京大件金港驾校）。孵化总面积：22000m²
47		南京工业大学国家大学科技园（江苏南工大科技园有限公司）	南京市新模范马路 5 号、南京市中山北路 200 号、南京市浦口区万寿路 15 号。孵化总面积：25000m²
48		南京邮电大学国家大学科技园（江苏南邮物联网科技园有限公司）	南京市鼓楼区广东路 38 号南京邮电大学物联网科技园。孵化总面积：16000m²

续上表

序号	所在地	单位名称（运营公司名称）	科技园孵化场地地址和范围、面积
49	江苏省	江南大学国家大学科技园（无锡江南大学国家大学科技园有限公司）	无锡市滨湖区锦溪路99号C区。孵化总面积：12448.81m²
50		中国矿业大学国家大学科技园（徐州中国矿业大学大学科技园有限责任公司）	徐州市解放南路中国矿业大学国家大学科技园区科技大厦1—12层，创新大厦部分区域。孵化总面积：39000m²
51		南通大学国家大学科技园（南通通大科技园管理有限公司）	南通市崇川路58号。孵化总面积：20756.45m²
52	山东省	中国石油大学国家大学科技园（东营市大学科技园发展有限责任公司）	山东省东营市经济技术开发区黄河路38号，黄河路南、东六路东、福州路西、辽河路北。孵化总面积：168000m²
53	重庆市	重庆市北碚国家大学科技园（重庆市北碚大学科技园发展有限公司）	重庆市北碚区安礼路128号科技创业中心。孵化总面积：28224.84m²
54	广西壮族自治区	桂林大学科技园（桂林国家高新区大学科技园管理有限公司）	1. 桂林市七星区七里店路70号创意产业园14#；2. 桂林市七星区六合路123号桂林电子科技大学科技园1、2、3号楼；3. 桂林市七星区建干路12号楼一楼。孵化总面积：30193m²

续上表

序号	所在地	单位名称（运营公司名称）	科技园孵化场地地址和范围、面积
55	广东省	中山大学国家大学科技园（广州中山大学科技园有限公司）	广州市海珠区新港西路135号中山大学科技园。孵化总面积：20703m²
56	陕西省	西安交通大学国家大学科技园（西安交通大学科技园有限责任公司）	陕西省西安市雁塔区雁翔路99号西安交大科技园博源科技广场。孵化总面积：29499.43m²
57		西北工业大学国家大学科技园（陕西西工大科技园有限公司）	西安市友谊西路127号西工大创新大厦、西工大海天科苑，西安市高新二路众创示范街区飞天创客空间。孵化总面积：22704m²
58		西安电子科技大学国家大学科技园（陕西西电科大科技园管理有限公司）	西安市雁塔区科创路168号西电科技园；西安市高新区科技七路付3号科技转化中心；西安市高新六路52号立人科技园。孵化总面积：28100m²
59	甘肃省	兰州大学国家大学科技园（兰州大学科技园有限责任公司）	兰州市东岗西路249号信息楼临街1—4层；兰州天水南路248号齐云楼裙楼1—4层。孵化总面积：16197m²

续上表

序号	所在地	单位名称（运营公司名称）	科技园孵化场地地址和范围、面积
60	甘肃省	兰州理工大学国家大学科技园（兰州理工大学科技园有限公司）	兰州市七里河区兰工坪287号，包括实验大楼、逸夫科技馆、舞台设备研发中心、合金粉末研发中心、数控研发中心。孵化总面积：18524m²
61	青海省	青海大学科技园（青海大学科技园投资开发股份有限公司）	青海省西宁市城北区宁大路251号青海大学科技园综合楼。孵化总面积：41600m²
62	新疆维吾尔自治区	新疆国家大学科技园（新疆大学科技园有限责任公司）	新疆乌鲁木齐市西北路458号科学大厦一层至二层、四层至六层；友好北路529号4号楼、5号楼、6号楼；鲤鱼山北路199号集电港A座三层四层。孵化总面积：17095.31m²
63	内蒙古自治区	内蒙古自治区国家大学科技园（内蒙古自治区大学科技园管理有限责任公司）	呼和浩特市新城区成吉思汗大街与科尔沁北路交汇处；孵化园内5栋楼。孵化总面积：49295.2m²

附录五
教育部 科技部关于加强高等学校科技成果
转移转化工作的若干意见

为深入贯彻落实《中共中央国务院关于深化体制机制改革加快实施创新驱动发展战略的若干意见》《中共中央关于深化人才发展体制机制改革的意见》和《中共中央办公厅关于印发深化科技体制改革实施方案的通知》精神，推动高校加快科技成果转移转化，依据《中华人民共和国促进科技成果转化法》、国务院《实施<中华人民共和国促进科技成果转化法>若干规定》和国务院办公厅《促进科技成果转移转化行动方案》，结合高校实际，提出如下意见：

一、全面认识高校科技成果转移转化工作。科技成果转化是高校科技活动的重要内容，高校要引导科研工作和经济社会发展需求更加紧密结合，为支撑经济发展转型升级提供源源不断的有效成果。高校要改革完善科技评价考核机制，促进科技成果转化。高校科技成果转移转化工作，既要注重以技术交易、作价入股等形式向企业转移转化科技成果；又要加大产学研结合的力度，支持科技人员面向企业开展技术开发、技术服务、技术咨询和技术培训；还要创新科研组织方式，组织科技人员面向国家需求和经济社会发展积极承担各类科研计划项目，积极参与国家、区域创新体系建设，为经济社会发展提供技术支撑和政策建议；高校作为人才培养的主阵地，更要引导、激励科研人员教书育人，注重知识扩散和转移，及时将科研成果转化为教育教学、学科专业发展资源，提高人才培养质量。

二、简政放权鼓励科技成果转移转化。高校对其持有的科技成果，可以自主决定转让、许可或者作价投资，除涉及国家秘密、国家安全外，不需要审批或备案。高校有权依法以持有的科技成果作价入股确认股权和出资比例，通过发起人协议、投资协议或者公司章程等形式对科技成果的权属、作价、折股数量或出资比例等事项明确约定、明晰产权，并指定所属专业部门统一管理技术成果作价入股所形成的企业股份或出资比例。高校职务科技成果完成人和参加人在不变更职务科技成果权属的前提下，可以按照学校规定与学校签订协议，进行该项科技成果的转化，并享有相应权益。高校科技成果转移转化收益全部留归学校，纳入单位预算，不上缴国库；在对完成、转化科技成果做出重要贡献的人员给予奖励和报酬后，主要用于科学技术研究与成果转化等相关工作。

三、建立健全科技成果转移转化工作机制。高校要加强对科技成果转移转化的管理、组织和协调，成立科技成果转移转化工作领导小组，建立科技成果转移转化重大事项领导班子集体决策制度；统筹成果管理、技术转移、资产经营管理、法律等事务，建立成果转移转化管理平台；明确科技成果转移转化管理机构和职能，落实科技成果报告、知识产权保护、资产经营管理等工作的责任主体，优化并公示科技成果转移转化工作流程。

高校应根据国家规定和学校实际建立科技成果使用、处置的程序与规则。在向企业或者其他组织转移转化科技成果时，可以通过在技术交易市场挂牌、拍卖等方式确定价格，也可以通过协议定价。协议定价的，应当通过网站、办公系统、公示栏等方式在校内公示科技成果名称、简介等基本要素和拟交易价格、价格形成过程等，公示时间不少于 15 日。高校对科技成果的使用、处置在校内实行公示制度，同时明确并公开异议处理程序和办法。涉及国家秘密和国家安全的，按国家相关规定执行。

科技成果转化过程中，通过技术交易市场挂牌、拍卖等方式确定价格的，或者通过协议定价并按规定在校内公示的，高校领导在履行勤勉尽职义务、没有牟取非法利益的前提下，免除其在科技成果定价中因科技成果转化后续价值变化产生的决策责任。

四、加强科技成果转移转化能力建设。鼓励高校在不增加编制的前提下建立负责科技成果转移转化工作的专业化机构或者委托独立的科技成果转移转化服务机构开展科技成果转化，通过培训、市场聘任等多种方式建立成果转化职业经理人队伍。发挥大学科技园、区域（专业）研究院、行业组织在成果转移转化中的集聚辐射和带动作用，依托其构建技术交易、投融资等支撑服务平台，开展技术开发和市场需求对接、科技成果和风险投资对接，形成市场化的科技成果转移转化运营体系，培育打造运行机制灵活、专业人才集聚、服务能力突出的国家技术转移机构。高校要充分利用各级政府建立的科技成果信息平台，加强成果的宣传和展览展示；鼓励科研人员面向企业开展技术开发、技术咨询和技术服务等横向合作，与企业联合实施科技成果转化。

五、健全以增加知识价值为导向的收益分配政策。高校要根据国家规定和学校实际，制定科技成果转移转化奖励和收益分配办法，并在校内公开。在制定科技成果转移转化奖励和收益分配办法时，要充分听取学校科技人员的意见，兼顾学校、院系、成果完成人和专业技术转移转化机构等参与科技成果转化的各方利益。

　　高校依法对职务科技成果完成人和为成果转化做出重要贡献的其他人员给予奖励时，按照以下规定执行：以技术转让或者许可方式转化职务科技成果的，应当从技术转让或者许可所取得的净收入中提取不低于 50% 的比例用于奖励；以科技成果作价投资实施转化的，应当从作价投资取得的股份或者出资比例中提取不低于 50% 的比例用于奖励；在研究开发和科技成果转化中做出主要贡献的人员，获得奖励的份额不低于总额的 50%。成果转移转化收益扣除对上述人员的奖励和报酬后，应当主要用于科学技术研发与成果转移转化等相关工作，并支持技术转移机构的运行和发展。

　　担任高校正职领导以及高校所属具有独立法人资格单位的正职领导，是科技成果的主要完成人或者为成果转移转化做出重要贡献的，可以按照学校制定的成果转移转化奖励和收益分配办法给予现金奖励，原则上不得给予股权激励；其他担任领导职务的科技人员，是科技成果的主要完成人或者为成果转移转化做出重要贡献的，可以按照学校制定的成果转化奖励和收益分配办法给予现金、股份或出资比例等奖励和报酬。对担任领导职务的科技人员的科技成果转化收益分配实行公示和报告制度，明确公示其在成果完成或成果转化过程中的贡献情况及拟分配的奖励、占比情况等。

　　高校科技人员面向企业开展技术开发、技术咨询、技术服务、技术培训等横向合作活动，是高校科技成果转化的重要形式，其管理应依据合同法和科技成果转化法；高校应与合作单位依法签订合同或协议，约定任务分工、资金投入和使用、知识产权归属、权益分配等事项，经费支出按照合同或协议约定执行，净收入可按照学校制定的科技成果转移转化奖励和收益分配办法对完成项目的科技人员给予奖励和报酬。对科技人员承担横向科研项目与承担政府科技计划项目，在业绩考核中同等对待。

科技成果转移转化的奖励和报酬的支出，计入单位当年工资总额，不受单位当年工资总额限制，不纳入单位工资总额基数。

六、完善有利于科技成果转移转化的人事管理制度。高校科技人员在履行岗位职责、完成本职工作的前提下，征得学校同意，可以到企业兼职从事科技成果转化，或者离岗创业在不超过三年时间内保留人事关系。离岗创业期间，科技人员所承担的国家科技计划和基金项目原则上不得中止，确需中止的应当按照有关管理办法办理手续。高校要建立和完善科技人员在岗兼职、离岗创业和返岗任职制度，对在岗兼职的兼职时间和取酬方式、离岗创业期间和期满后的权利和义务及返岗条件作出规定并在校内公示。担任领导职务的科技人员的兼职管理，按中央有关规定执行。鼓励高校设立专门的科技成果转化岗位并建立相应的评聘制度。鼓励高校设立一定比例的流动岗位，聘请有创新实践经验的企业家和企业科技人才兼职从事教学和科研工作。教育部将组织高校开展将企业任职经历作为新聘工程类教师必要条件的试点，加大对应用型本科和高职院校专业教师在校企之间的交流力度。

七、支持学生创新创业。探索建立以创新创业为导向的人才培养机制，完善产学研用结合的协同育人模式。支持高校与企业、研究院所联合建立学生实习实训和研究生科研实践等教学科研基地，提高学生创新创业实践能力。推动国家大学科技园为学生创新创业提供力所能及的场地、信息网络和商事、法律服务，建立微创新实验室、创新创业俱乐部等，发展众创、众包、众扶、众筹空间等新型孵化模式。鼓励国家大学科技园组织有创业实践经验的企业家、高校科技人员和天使投资人开展志愿者行动，为学生创新创业提供创业辅导以及技术开发合作援助，编写高校师生创新创业成功案例作为高校创新创业教辅材料，支持高校创新创业教育。加强知识产权相关学科专业建设，对学生开展知识产权保护相关法律法规的教育培训。鼓励高校通过无偿许可专利的方式，向学生授权使用科技成果，引导学生参与科技成果转移转化。

八、推进科研设施和仪器设备开放共享。鼓励高校与企业、研究开发机构及其他组织联合建立研究开发平台、技术转移机构或技术创新联盟，共同开展研究开发、成果应用与推广、标准研究与制定。支持高校和地方、企业联合共建实验室和大型仪器设备共享平台，加快推进高校科研设施与仪器在保障本校教学科研基本需求的前提下向其他高校、科研院所、企业、社会研发组织等社会用户开放共享。依托高校建设的国家重点实验室、国家工程实验室、国家工程（技术）研究中心、大型科学仪器中心、分析测试中心等各类研发平台，要按功能定位，建立向企业特别是中小企业有效开放的机制，加大向社会开放的力度，为科技成果转移转化提供服务支撑。科研设施和仪器设备有偿开放的，严格按国家工商、价格管理等规定办理，收入、支出纳入学校财务统一管理。

九、建立科技成果转移转化年度报告制度和绩效评价机制。按照国家科技成果年度报告制度的要求，高校要按期以规定格式向主管部门报送年度科技成果许可、转让、作价投资以及推进产学研合作、科技成果转移转化绩效和奖励等情况，并对全年科技成果转移转化取得的总体成效、面临的问题进行总结。高校要建立科技成果转移转化绩效评价机制，对科技成果转移转化业绩突出的机构和人员给予奖励。高校主管部门要根据高校科技成果转移转化年度报告情况，对高校科技成果转移转化绩效进行评价，并将评价结果作为对高校给予支持的重要依据之一。高校科技成果转移转化绩效纳入世界一流大学和一流学科建设考核评价体系。

十、切实加强领导，认真组织实施。各省级教育、科技行政部门，各高校要认真学习贯彻"创新是引领发展的第一动力"的深刻内涵，将思想和行动统一到党中央、国务院的重大战略部署上来，根据本意见的要求和自身实际情况，采取切实有效的措施加快科技成果转移转化。要切实防范道德风险、廉政风险和法律风险；加强对科技成果转移转化工作的监督检查，对不作为、乱作为的行为严肃问责，对借机谋取私利、搞利益输送的违纪违法问题依法依规严肃查处。教育部将组织实施促进高校科技成果转移转化行动计划，引导高校进一步完善科技成果转移转化的体制机制，为经济社会发展提供科技支撑和智力支持。

本意见自发布之日起施行，执行过程中遇到的问题，请及时向教育部科学技术司、科学技术部创新发展司反馈。此前有关规定与本意见不一致的，按本意见执行。

教育部 科技部

2016 年 8 月 3 日

附录六
中山大学学科性公司管理办法

第一章　总　　则

第一条　为规范学科性公司的管理，规避经营运作中的法律风险和经营风险，全面推进科技成果转化和产业化，促进人才培养、科学研究和科技成果产业化的协调发展，建立激励机制和合理的股权结构，根据《中华人民共和国公司法》《教育部关于积极发展 规范管理高校科技产业的指导意见》及有关政策法规，结合我校对现有的学科性公司管理具体情况，特制定本管理办法。

第二条　学科性公司是指依托学校的优势学科和学院资源，与学院教学和科研紧密相关，以科技成果作价入股，并与社会资本结合，运用现代企业制度，在市场经济环境下有效地实现产学研结合、服务社会、开展成果转化和高新技术产业化，并推动学校学科建设和发展的公司。

第三条　本办法适用于校机关各部、处、室，各学院、实体系、所，各直属单位，附属学校，广州中大控股有限公司，后勤集团。

第二章　对学科性公司的管理

第四条　学科性公司是产权清晰、权责分明、校企分开、管理科学的现代企业，是独立享有民事权利、承担民事责任，依法自主经营、独立核算、依法纳税、自负盈亏的法人实体。

第五条　广州中大控股有限公司（以下简称中大控股）是学科性公司的经营管理机构

（一）中大控股对学科性公司行使主要的管理任务是：促进高新技术成果的转化，孵化科技企业，创办具有文化教育特色和智力资源优势的企业；统筹管理、整合资源，推进学校科技产业化工作。

（二）中大控股对学科性公司行使出资人权利、履行出资人义务。中大控股向学科性公司委派董事和监事，参与企业的经营决策、管理者选择等事务。

（三）学校的院、处、系、所等单位创办的学科性公司及投入的资产划归中大控股统一管理，中大控股在兼顾各方利益的基础上代表学校统一进行规范性投资。

第六条　新组建学科性公司必须经过严格的审批手续。凡学校范围内需要新设立学科性公司的，必须先提交申报资料报中大控股论证。中大控股论证通过后向中山大学经营性资产管理小组提交可行性研究报告、合作协议书、新公司章程和董事会决议等相关文件，经中山大学经营性资产管理小组审批通过后，方可按规定程序办理成立新公司的有关手续。原则上，学科性公司的社会股东必须资信良好、拥有一定的行业资源、认同中山大学校办企业的价值观。

第七条　如学科性公司涉及关、停、并、转等事项，须经中大控股审批后报中山大学经营性资产管理小组备案。

第八条　新组建的学科性公司不再冠用"中山大学"字号，对于已经冠用"中山大学"字号的由中大控股负责进行更名。

新组建的学科性公司需要使用"中大"字号冠名的，由中大控股统一审批。当中大控股持有学科性公司的股份低于

20%时，中大控股须承担要求该公司撤消名称中"中大"字号的责任。

第九条　学科性公司使用学校标志性建筑等作为企业或产品商标的，由中大控股按照学校有关规定审核批准并严格管理，符合条件的学科性公司可以有偿使用。

第三章　学科性公司的运营管理

第十条　学科性公司要建立和实行现代企业制度，完善以股东会、董事会、监事会"三会"为代表的企业法人治理结构。形成各负其责、协调运转、有效制衡、机制灵活的管理体系，建立科学、民主的决策程序和有效的激励、监督、约束机制。

第十一条　学校的院、处、系、所等单位投入到学科性公司的资产，包括各种知识产权和非专有技术等无形资产，由中大控股组织具备资质的评估机构进行评估，并在办理评估备案等相关手续后，划入到中大控股进行管理。

第十二条　当学校以科技成果等无形资产投资入股学科性公司时，给予技术持有人和其他主要人员股权奖励，具体比例按照学校有关规定执行。学科性公司应就自然人所持股份制定明确的持股细则，对持股人的资格、持股后的服务年限、股权转让方式等问题做出明确规定，并报中大控股备案。

第十三条　凡涉及学科性公司章程修改、注册资本增减、分立合并、清算结业、重要人员任免、重大资金调用、大额资金借贷及对外投资等重大事项的决策，必须经学科性公司的股东会或董事会同意通过。

第十四条　学科性公司原则上不再投资设立子公司。

第十五条　提倡在学科性公司建立技术专家制度。学科性公司的主要负责人由中大控股委派，技术负责人原则上由学校院、系、处、所等单位推荐，公司的高层经营管理人员由学科性公司的董事会聘任。

第十六条 学科性公司要积极接纳学生，尤其是研究生到企业实习，使公司成为培养创新、创业人才的实践基地。

第十七条 学科性公司应重视财务风险控制，实现资产保值增值，促进科技成果转化，提升学校显示度和社会贡献度，获取能够支撑其持续发展的社会资源。

第十八条 学校的院、处、系、所等单位研发的具有市场潜力的科研成果以及正在进行的科研项目，通过专家论证，可由中大控股直接投资，合作进行产业化。

第十九条 每年度学科性公司按照股权比例分配给中大控股的利润，中大控股将其中的80%以学科发展科研资金等方式返还给学校的院、处、系、所等相关单位。

附录七
广州市支持高新技术产业发展的25项政策和措施目录

广州市《关于大力推进自主创新加快高新技术产业发展的决定》配套政策（穗字〔2008〕1号）

广州市发展和改革委员会关于大力推进自主创新加快高新技术产业发展的配套政策

广州市经济贸易委员会关于大力推进自主创新加快高新技术产业发展的配套政策

广州市教育局关于高校大力推进自主创新加快高新技术产

业发展的配套政策

广州市科学技术局关于大力推进自主创新加快高新技术产业发展的配套政策

广州市公安局关于大力推进自主创新加快高新技术产业发展的配套政策

广州市财政局关于大力推进自主创新加快高新技术产业发展的配套政策

广州市人事局关于大力推进自主创新加快高新技术产业发展的配套政策

广州市劳动和社会保障局关于大力推进自主创新加强高技能人才队伍建设的配套政策

广州市国土资源和房屋管理局关于大力推进自主创新加快高新技术产业发展的配套政策

广州市对外贸易经济合作局关于大力推进自主创新加快高新技术产业发展的配套政策

广州市人民政府国有资产监督管理委员会关于大力推进市属国有企业自主创新工作的实施意见

广州市城市规划局关于大力推进自主创新加快高新技术产业发展的配套政策

广州市新闻出版和广播电视局（版权局）关于大力推进自主创新加快高新技术产业发展的配套政策

广州市工商行政管理局关于大力推进自主创新加快高新技术产业发展的配套政策

广州市质量技术监督局关于鼓励自主创新实施标准战略的配套政策

广州市知识产权局关于加强知识产权工作推进自主创新的配套政策

　　广州市人民政府外事办公室关于大力推进自主创新加快高新技术产业发展加强外事服务的配套政策

　　广州市金融服务办公室关于加强金融服务促进高新技术产业发展的配套政策

　　广州市信息化办公室关于鼓励信息技术应用和产业创新发展的配套政策

　　广州高新技术产业开发区管委会关于大力推进自主创新建设国家创新型园区的配套政策

　　广州南沙开发区建设指挥部关于大力推进自主创新加快高新技术产业发展的配套政策

　　广州市国家税务局关于鼓励自主创新发展高新技术产业的国税优惠政策指引

　　广州市地方税务局关于鼓励自主创新发展高新技术产业的地税优惠政策指引

　　广州海关关于支持广州市大力推进自主创新加快高新技术产业发展的配套措施

　　黄埔海关关于支持广州市大力推进自主创新加快高新技术产业发展的配套措施

附录八
麻省理工学院的媒体实验室的资助合作成员单位①

Consortium Research Lab Members

　　Dentsu-Aegis Network Ltd.

　　Digital Garage

---

　　① https：//www. media. mit. edu/posts/member-companies/.

Mercedes-Benz Research & Development North America

NEC Corporation

NHK

Nomura Research Institute, Ltd.

NTT Data Corporation

Panasonic Corporation

Samsung Electronics Co. , Ltd.

TOPPAN Printing Co. , Ltd.

Toshiba Memory Corporation

Yokogawa Electric Corporation

Consortium Lab Members

21st Century Fox

Abakus

ActuaTech

Agility

American Express

Arçelik

Asia Pacific Land Corporation

ATB Financial

A. T. Kearney

Biogen

Bose Corporation

BP

Cisco Systems, Inc.

Colgate-Palmolive

Comcast

Culture Convenience Club Co. , Ltd.

Dell EMC

Deloitte LP

DENSO

DP World

Estée Lauder

ExxonMobil

Fannie Mae

Ferrero

Fidelity Center for Applied Technology

Flipkart

Ford Motor Company

FutureWei Technologies, Inc. /Huawei

General Electric

GlaxoSmithKline

Google

Hoffmann-La Roche Inc

Honda Research Institute Japan Co. , Ltd.

Honeywell SPS

Hyundai Motor Company

IBM

IDEO

Intel

Inter-American Development Bank

International Flavors & Fragrances

Intuit Inc.

Jaguar Land Rover

Khazanah Nasional

LKK Health Products Group

MacAndrews & Forbes, Incorporated

McKinsey & Company

MetLife

Monetary Authority of Singapore

Mori Building Co. , Ltd.

Nike Inc.

Novartis

OMRON Corporation

PepsiCo

PMP TECH INC.

POLA Chemical Industries, Inc.

PTC

Publicis Groupe

Robert Wood Johnson Foundation

Salesforce

SHIMA SEIKI MFG. , LTD.

Sony Corporation

Standard Industries

Steelcase Inc.

Takeda Pharmaceuticals

Target Corporation

Tata Consultancy Services

The Boston Consulting Group

The LEGO Group

Turner Broadcasting, Inc.

Twitter

UCB

VeChain Foundation

Verizon

VSP Global

Welspun

Young Communication Co. , Ltd.

Zoshinkai Holdings Inc.

Affiliate Foundation Members

Robert Wood Johnson Foundation

f) Research Contracts and Special Funds

Aalto University

Alfred P. Sloan Foundation

Allen Institute for Brain Science

Asia Pacific Land Corporation

Bezos Family Foundation

Burroughs Wellcome Fund

Cold Spring Harbor Laboratory/NIH

Electronics and Telecommunications Research Institute (ETRI)

Fiducoldex

Ford Foundation

Greenwall Foundation

HafenCity University (HCU)

Harvard Medical School/NIH

Harvard University/Ford Foundation

Howard Hughes Medical Institute

HRL Laboratories, LLC/Intelligence Advanced Research Projects Agency (IARPA)

Human Frontier Science Program

Kadokawa Culture Promotion Foundation

Kauffman Foundation

Knight Foundation

LeafLabs, LLC/NIH

Life Sciences Research Foundation

MacArthur Foundation

Massachusetts General Hospital/Bill and Melinda Gates Foundation

National Institutes of Health

National Science Foundation

Open Society Foundations

Space and Naval Warfare Systems Center

The Joyce Foundation

The Michael J. Fox Foundation for Parkinson's Disease

TIPD, LLC/Air Force Research Laboratory

Tongji University

Université libre de Bruxelles/EC Marie Curie Actions

University of Michigan/NIH

University of Pennsylvania/NIH

University of São Paulo

US Army

US Navy Office of Naval Research

Woodrow Wilson National Foundation

附录九

关于科技企业孵化器、大学科技园和众创空间税收政策的通知

各省、自治区、直辖市、计划单列市财政厅（局）、科技厅（局）、教育厅（局），国家税务总局各省、自治区、直辖市、计划单列市税务局，新疆生产建设兵团财政局、科技局、教育局：

为进一步鼓励创业创新，现就科技企业孵化器、大学科技园、众创空间有关税收政策通知如下：

一、自 2019 年 1 月 1 日至 2021 年 12 月 31 日，对国家级、省级科技企业孵化器、大学科技园和国家备案众创空间自用以及无偿或通过出租等方式提供给在孵对象使用的房产、土地，免征房产税和城镇土地使用税；对其向在孵对象提供孵化服务取得的收入，免征增值税。

本通知所称孵化服务是指为在孵对象提供的经纪代理、经营租赁、研发和技术、信息技术、鉴证咨询服务。

二、国家级、省级科技企业孵化器、大学科技园和国家备案众创空间应当单独核算孵化服务收入。

三、国家级科技企业孵化器、大学科技园和国家备案众创空间认定和管理办法由国务院科技、教育部门另行发布；省级科技企业孵化器、大学科技园认定和管理办法由省级科技、教育部门另行发布。

本通知所称在孵对象是指符合前款认定和管理办法规定的孵化企业、创业团队和个人。

四、国家级、省级科技企业孵化器、大学科技园和国家备案众创空间应按规定申报享受免税政策，并将房产土地权属资料、房产原值资料、房产土地租赁合同、孵化协议等留存备查，税务部门依法加强后续管理。

2018 年 12 月 31 日以前认定的国家级科技企业孵化器、大学科技园，自 2019 年 1 月 1 日起享受本通知规定的税收优惠政策。2019 年 1 月 1 日以后认定的国家级、省级科技企业孵化器、大学科技园和国家备案众创空间，自认定之日次月起享受本通知规定的税收优惠政策。2019 年 1 月 1 日以后被取消资格的，自取消资格之日次月起停止享受本通知规定的税收优惠政策。

五、科技、教育和税务部门应建立信息共享机制，及时共享国家级、省级科技企业孵化器、大学科技园和国家备案众创空间相关信息，加强协调配合，保障优惠政策落实到位。

财政部 税务总局 科技部 教育部
2018 年 11 月 1 日

后　记

　　2001 年 6 月起，作为中山大学岭南学院一名"双肩挑"的教师，我在大学后勤服务企业、科技企业、文化企业、机关工作服务 15 年。人在旅途，每一步都算数。其中，在大学后勤和产业前后工作 12 年，两度与科技园建设结缘，中大科技园的主要建筑，都留下了工作的回忆，也积累了不少心得体会。2009 年，以大学科技园为题，完成了博士论文。10 年后，回看科技园的发展模式，有必要总结和对照一下，既留下曾经发生过的历史，又总结一下有效的产学研经验和模式，也是对多年科技园工作的回顾和总结。

　　感谢这段时期在学校后勤和产业工作中给予我帮助与指导的领导和同事，特别是李延保书记和黄达人校长。人的一生很短暂，在人生的某个阶段能够学以致用，尽绵薄之力为学校乃至为社会做点事情、有点贡献，是人生的重要华章。

　　感谢我的导师舒元教授，舒元教授给予我很多指点。舒老师治学严谨，其诲人不倦的教风一直是大学老师学习的楷模。舒元教授不仅在理论上颇有建树，更是将理论和实践结合，从零点起步，创建中大创新谷，在产学研运行模式的探索上，中大创新谷的发展提供了一个非常成功的典范。

　　感谢岭南学院的同事和同学。岭南学院师生是一个高尚、优雅而又富有创新精神的群体，因为他们，孙中山先生的博学、审问、慎思、明辨、笃行和岭南学院作育英才服务社会的理念在南粤大地、在全国各地乃至在全世界开花结果。

感谢编辑熊锡源先生，和出版社不少同事一样，熊编辑不仅为人正直，专业精神也令人肃然起敬。

感谢我的家人一直给我的支持，那是我生命中的精彩所在。